LA FRANCE ET L'ANGLETERRE

AU MOYEN-AGE.

LA FRANCE ET L'ANGLETERRE

AU MOYEN-AGE.

BATAILLE DE BOUVINES

(*Extrait de l'*Argus Soissonnais.)

Par M. STANISLAS PRIOUX,
MEMBRE DE LA SOCIÉTÉ DE L'HISTOIRE DE FRANCE.

SOISSONS.
IMPRIMERIE DE EM. FOSSÉ DARCOSSE,
RUE SAINT-ANTOINE, N° 15.

1855.

A Messieurs les Membres de la Société Archéologique, Historique et Scientifique de Soissons.

Messieurs,

En publiant cette étude sur un fait qui est à la fois l'un des plus importants de nos annales et des plus glorieux de notre histoire locale, je suis loin de prétendre au titre et au renom d'historien. Il exige des talents, des études, des loisirs que je n'ai point. Mais je crois comme vous, Messieurs, que la Jeune-France, ainsi qu'elle aime à se nommer, ne connaît pas l'ancienne, et que de ce malentendu naissent la plupart de nos malheurs. Encouragé par votre exemple et soutenu par vos travaux, j'ai voulu consacrer au passé le temps que j'aurais pu donner au repos, afin d'éclairer mon jugement et de concourir pour ma part, si faible qu'elle soit, à combattre nos préjugés et nos erreurs. Si j'inspirais à quelques-uns de mes lecteurs ou de mes amis la pensée de me suivre, le désir et le goût de lire nos vieilles chroniques, mon but serait atteint et mon ambition satisfaite, car ceux qui se vantent avec autant de naïveté que d'orgueil d'avoir des principes dont l'origine ne remonte pas au-delà de ce siècle ou de la fin du siècle dernier, rougiraient de leur propre ignorance s'ils prenaient la peine d'ouvrir l'histoire à sa source et d'y chercher la vérité sans passion. Il n'y a de nouveau en France que cet amour de l'inégalité ou du désordre, que nous avons vu s'attaquer indifféremment à tous les Etats, Monarchies, Empires ou Républiques, parce que, sacrifiant tout au présent, il dédaigne également les temps qui ne sont plus et ceux qui ne sont pas encore, la tradition et la raison, la tradition qui est la raison du passé comme la raison est la tradition de l'avenir.

En marchant, quoique de loin, sur vos traces, si j'ai réussi à concilier ces deux formes nécessaires de toute vérité, l'idée et le fait, je ne puis mieux faire que de placer sous vos auspices un travail que vous avez inspiré et qui témoigne moins de mon mérite que du vôtre ou des excellents fruits de vos séances, qui font en même temps connaître et aimer l'histoire. C'est, je crois, Messieurs, la meilleure manière de vous prouver le vif intérêt qui m'attache à vos travaux et les sentiments particuliers d'estime dans lesquels je m'honore d'être, Messieurs, avec le plus profond respect,

Votre tout dévoué,

STANISLAS PRIOUX,
Membre de la Société de l'Histoire de France.

TABLE DES MATIÈRES.

I Assemblée de Soissons. 1
II Préparatifs de guerre en Angleterre 5
III Projets de conquête et de partage de la France. 8
IV Conquête de la Flandre 12
V Pierre Mauclerc et les Soissonnais chassent les pirates anglais . . . 17
VI L'Angleterre fief de l'Eglise 22
VII Robert Gatebled pris par les Anglais 26
VIII L'Empereur d'Allemagne veut partager la France. 30
IX Les deux armées en présence. 35
X Les armées se rangent en bataille. 40
XI Philippe-Auguste fait tailler les soupes 46
XII Intrépidité des hommes de la vallée de Soissons 51
XIII Robert de Dreux et l'évêque de Beauvais, son frère, contre les Anglais. 55
XIV Les prisonniers des communes 61

LA FRANCE ET L'ANGLETERRE

AU MOYEN-AGE.

BATAILLE DE BOUVINES.

I.

ASSEMBLÉE DE SOISSONS.

Nous avons été, nous sommes et nous serons longtemps encore, s'il plaît à Dieu, la première nation militaire de l'Europe. Il se peut que nous ayons des rivaux dans les sciences, dans les arts, dans l'agriculture et le commerce, dans l'industrie et ce qui s'y rattache, mais à coup sûr, nous n'en avons aucun sur les champs de bataille. Grande dans la paix, plus grande encore dans la guerre, telle est la fortune de la France, et ce n'est point les hautaines prétentions de la Russie qui la pourront abattre. Et d'où vient cette grandeur, sinon de la communauté de croyances, d'opinions, de sentiments et d'idées qui nous anime tous, malgré nos divisions apparentes, et qui, à l'heure du danger, rallie tous les cœurs dans un même amour de la patrie? Audedans, et livrés à nous-mêmes, nous concevons différemment les idées de grandeur et de gloire que nous ambitionnons; mais au-dehors, et dès qu'il s'agit de l'honneur national, nous imposons silence à nos désirs, et mieux encore à nos passions, pour ne songer qu'au salut public. Or, tant qu'il en sera ainsi, nous n'avons rien à craindre de nos voisins, parce que trente-six millions d'hommes unis dans la même pensée sont plus forts que toutes les nations ensemble. Et s'il était parmi nous des cœurs assez lâches, des esprits assez aveugles ou assez dépravés pour ne point s'associer à l'œuvre commune et pour préférer le triomphe de leur vanité à celui de la patrie, il faudrait les regarder comme les avant-coureurs de la barbarie et s'éloigner d'eux avec dégoût.

Si nous cherchons maintenant comment s'est formée et développée peu à peu dans le long cours des âges cette puissante unité politique et sociale qui fait encore aujourd'hui, malgré les révolutions accomplies depuis un siècle, le caractère distinctif de la France entre tous les peuples du continent, nous verrons qu'outre la communauté de croyances, d'origine et de langue, elle eut surtout pour principe cette autre communauté de gloire et de périls, de joies et de douleurs, de vertus et d'idées qui naît sur les champs de bataille, dans le sang versé en commun, pour le même but; car, de même que les diverses provinces ou nationalités, si l'on peut ainsi dire, dont se composait autrefois la France du moyen-âge se sont fondues peu à peu et comme absorbées dans une seule au profit de toutes, on peut entrevoir dans le lointain, et sans partager pour cela les folles illusions de certains rêveurs, un temps où les principales nationalités de l'Europe, actuellement jalouses et rivales l'une de l'autre, marcheront de concert et sous la bienfaisante direction de l'une d'elle, qui ne sera ni France ni

Angleterre, ni Allemagne, mais tout cela ensemble, à la conquête de toutes les libertés et au renversement de tous les servages. C'est là le rêve plus ou moins ingénieux de l'avenir; et bien que les siècles présents semblent le démentir, on voit cependant, en remontant plus haut dans le cours de l'histoire, qu'il se réalise chaque jour. Hier encore l'Angleterre et la France donnaient au monde le spectacle de leur rivalité; aujourd'hui, elles nous offrent celui de leur étroite union. Si demain les intérêts viennent de nouveau les séparer, il n'en restera pas moins pour l'avenir l'exemple glorieux et fécond de leur concert d'un moment. Or, un semblable fait, au moyen-âge, eût été non-seulement impossible à réaliser, en dehors des croyances religieuses, mais impossible à concevoir. Les deux peuples, comme deux lions furieux et terribles, ne vivaient que pour se menacer, se harceler, se détruire. On eût dit qu'ils avaient juré leur perte, et qu'après quelques siècles d'une lutte aussi acharnée, les deux combattants, épuisés de forces et de ressources, s'éteindraient dans leur mutuelle impuissance. Il est donc curieux de se reporter aujourd'hui à six siècles en arrière, et de voir les deux peuples qui rivalisent en ce moment de courage et de zèle pour la sainte cause de l'Europe et de Dieu, tourner alors l'un contre l'autre leur invincible ardeur. On peut juger par là des progrès qu'a faits la civilisation en ce sens que les haines de race à race ont tellement disparu dans notre occident chrétien, qu'elles sont devenues presque incompréhensibles. Au XIIIe siècle, au contraire, nous les trouvons encore debout et toutes vivaces. Lorsque Philippe-Auguste convoque les barons et bourgeois dans l'antique et noble ville de Soissons, pour leur soumettre le projet de descendre en Angleterre, il est accueilli par d'unanimes acclamations; et la même chose, ou peu s'en faut, se passe en Angleterre, malgré l'impopularité de Jean sans Terre. Les deux peuples croient ne pas pouvoir supporter leur mutuel voisinage, et l'on sent frémir de part et d'autre des sentiments de colère et de haine que la religion même ne peut vaincre. Qu'il y a loin de cette rivalité amère et farouche à celle que nous venons de voir se déployer si glorieusement sur le champ de bataille de l'Alma!

L'histoire de la rivalité de la France et de l'Angleterre au moyen-âge est certainement l'une des plus attachantes et des plus glorieuses que l'on puisse lire. Elle commence à la conquête des Normands, au XIe siècle, se poursuit dans le XIIe, et se termine au XIIIe par les victoires de Philippe-Auguste et par l'expulsion définitive de ces opiniâtres voisins. Non content de posséder la Normandie, Jean sans Terre voulait joindre la Bretagne et l'Anjou à sa couronne d'Angleterre, et dans ce dessein il avait assassiné le jeune duc des Bretons, Arthur, son neveu et pupille de Philippe-Auguste. A la nouvelle de cet horrible assassinat, dont les chroniqueurs nous ont conservé le naïf et touchant récit, l'Europe s'était soulevée d'indignation et avait demandé vengeance de ce crime. Obéissant au cri de l'opinion publique, Innocent III avait excommunié l'assassin, tandis que les barons français le mettaient au ban de l'opinion et le déclaraient déchu de tous ses biens. Mais il fallait exécuter cette sentence, et ce périlleux honneur revenait à Philippe-Auguste, le plus noble, le plus glorieux, le plus puissant des seigneurs et souverains de l'Europe, et par conséquent le gardien naturel des droits et priviléges de l'Église. Quoique livré aux plaisirs grossiers de sa cour, Jean sans Terre n'était pas homme à se laisser dépouiller sans résistance, et par ses promesses autant que par son argent, il était parvenu à armer une partie de l'Europe contre nous.

L'Allemagne déjà révoltée contre Rome, la Flandre jalouse de nos succès contre elle, et le comte de Boulogne se préparaient à fondre sur nous dans le nord, à la tête d'armées innombrables. Au midi, les Sarrazins et les Albigeois occupaient toujours nos plus intrépides guerriers. La Bretagne et l'Anjou, que le fils du roi occupait en personne, étaient divisées par de nombreuses factions qui faisaient chèrement acheter leur chancelant appui. Enfin la Bourgogne elle-même semblait hésiter dans sa marche. La France se trouvait donc entourée d'ennemis et de périls que Jean sans Terre lui suscitait de toutes parts. Il fallait sortir de cette situation, et c'est pour aviser au moyen de porter à son rival un coup décisif que Philippe-Auguste réunissait toute sa noblesse ecclésiastique et laïque dans la ville de Soissons, qui conservait encore de glorieux souvenirs de la monarchie naissante et des victoires de Clovis. Le récit de Guillaume le Breton, dans sa *Philippide*, montre bien l'importance des événements qui vont s'accomplir :

« Au milieu d'un territoire fertile se trouve une ville antique peuplée d'hommes belliqueux et ornée de belles rues, par laquelle la France se montre à toutes les villes qui l'environnent plus belle encore et plus riche en plaines fécondes. Du côté du midi elle touche aux plaines riantes de Meaux, et le territoire de Senlis se prolonge jusque vers elle. Du côté du couchant elle se plaît à être limitrophe du pays de Beauvais, dont elle est séparée par Compiègne, tandis qu'elle serre de près les champs du diocèse de Senlis, et ose encore prolonger ses limites au-delà de l'Oise; voisine de la ville de Laon et du territoire agréable de Reims, elle touche à Noyon vers le nord, à Troyes vers le levant, et n'est séparée par aucune autre frontière de la ville de Châlons. Et comme, selon que le rapporte la renommée, cette ville fut fondée par des Suèves exilés, elle a justement mérité de recevoir le nom de Soissons. Elle est de plus enrichie et embellie par les eaux poissonneuses de l'Atax, qui coule si doucement, qui s'affligea de transporter les bateaux des Romains, lorsque Jules porta chez les Gaulois les armes de l'Italie, de cet Atax auquel les modernes donnent vulgairement le nom d'Aisne, qui enlève à la Vesle le nom qu'elle porte à son origine, et qui perd de même son nom en se jetant dans l'Oise, plus grande qu'elle.

« Là, comme il est facile de réunir promptement sur ce point les peuples répandus tout à l'entour dans les villes diverses, le chef des enfants de la France rassemble tous les prélats des églises et tous les grands de son royaume. S'étant placé au milieu d'eux, il prend la parole d'une voix calme, s'appliquant, selon son usage, à renfermer ses discours en peu de mots :

« Citoyens, que les liens de l'ordre ecclésiastique rapprochent du
« ciel, patrie des saints, et vous, vénérable assemblée, dont les armes
« nous ont tant de fois aidé à triompher des ennemis, votre sagesse
« sait parfaitement combien de maux ont été faits à l'Église par le roi
« Othon et par Jean. C'est pourquoi l'un et l'autre, justement frappés
« de la verge de Pierre, ont aussi mérité d'être frappés du glaive ma-
« tériel, puisque les réprimandes spirituelles ne suffisent pas à les
« contenir, puisqu'ils sont devenus plus mauvais et plus audacieux
« dans le mal, par l'anathème lancé contre eux. Aussi quiconque de-
« meure sciemment en communion avec eux est-il livré à Satan, et
« s'associe au fait ainsi qu'au châtiment. Si donc le Seigneur me con-
« serve votre affection, résolu dans mon esprit à envahir le royaume
« des Anglais, afin que Jean reçoive de cette vengeance un juste châ-

« timent, ou qu'il abandonne ce royaume, accompagné par l'infamie,
« et qu'enfin on puisse rétablir en ce pays le culte de Dieu, dont l'An-
« gleterre est privée depuis sept ans et bien plus encore. La France
« doit subjuguer les schismatiques, les ennemis quelconques de
« l'Eglise, et châtier les rebelles, quels qu'ils soient, qui refusent de se
« soumettre aux commandements de l'Eglise. De notre temps ce soin
« n'a pas été négligé, et jusqu'à ce jour vous ne nous avez point refusé
« le concours de vos armes pour de telles œuvres. Maintenant, ô vous,
« compagnons de nos guerres, maintenant, je vous le demande, que
« chacun de vous prête au Seigneur les forces que le Seigneur lui a
« prêtées. Nul de vous ne peut hésiter à croire que la grâce d'en haut
« viendra assister ceux qui combattront pour elle. »

« Quand il eut dit, les grands et les vénérables membres de cette sainte assemblée, levant vers le ciel leurs mains joyeuses, et répétant d'une voix unanime les mêmes acclamations, approuvent les projets du roi, projets sacrés et dignes des plus grands éloges, promettent eux-mêmes de marcher tous ensemble à cette entreprise, et confirment leurs promesses par leurs serments. Le premier de tous, Louis (fils du roi), et après lui Eudes l'Allobroge, le comte Hervey (de Nevers), et Guichard de Beaujeu, prêtent ce serment ; Savary (de Mauléon) jure de même, Savary qui, selon l'habitude des Poitevins, change de parti suivant l'occasion ; avec eux étaient encore le duc de Louvain, gendre du roi ; les comtes de Namur et de Bar, Gui de Dampierre, le comte de Vendôme, la comtesse de Troyes, *les fils de Robert* (1), le duc des Bretons nommé Pierre (2), Robert à qui l'on avait donné dès son enfance le surnom de Gâte-Bled (3), et Jean, frère des deux précédents, né à Braine et qui en portait le nom, tous trois avec leur père Robert, déjà avancé en âge, mais qui avait encore beaucoup de force d'âme et de vigueur de corps, et se disait heureux d'avoir donné la vie à de tels fils. Il était accompagné de l'évêque de Beauvais (4), son frère, et tous deux en outre étaient cousins du roi. Une haine plus grande, provenue d'un motif particulier, leur inspirait une plus vive ardeur à armer leurs troupes pour le fracas de la guerre, car avant même que Renaud fût devenu l'ennemi public du royaume, il portait aux Robert une haine implacable et leur faisait la guerre. Et comme le roi ne défendait pas Renaud contre les Robert, pensant qu'il y aurait plus de justice à ne prêter son assistance à aucun d'eux, qu'à se mettre mal avec l'un s'il portait secours à l'autre, et se tenait ainsi en parfaite équité au milieu des deux partis, Renaud osa irriter son seigneur et lui adresser des menaces en présence de plusieurs témoins ; et comme il ne voulut pas lui obéir lorsqu'il fut appelé en justice à ce sujet, ce fut là le seul motif pour lequel Renaud se condamna lui-même à l'exil. Tous les barons, comtes, ducs, chefs, évêques et abbés, et les autres seigneurs du royaume, conclurent volontairement un solide traité d'alliance avec le roi, et se lièrent envers lui par la promesse de lui fournir l'appui de leurs forces (5). »

La noblesse française fut donc unanime dans cette grande et solennelle assemblée de Soissons, qui décida de l'avenir de la France. Seul,

(1) Robert II, comte de Dreux et de Braine.
(2) Pierre Mauclerc, fils de Robert II.
(3) Robert III, fils aîné de Robert II.
(4) Philippe de Dreux et de Braine.
(5) Guillaume le Breton : *la Philippide*.

le comte de Flandre se retira, parce que ses intérêts l'attachaient à l'empereur d'Allemagne dont il était déjà l'allié ; et Renaud de Dammartin, comte de Boulogne, excommunié par le pape pour ses méfaits contre les églises, se condamna lui-même à l'exil, comme dit le poëte, à cause de sa haine implacable contre les Robert, qui mettaient autant de courage et de zèle à soutenir la cause de la France qu'il apportait d'opiniâtreté à servir l'Angleterre. Sauf ces deux exceptions, tous les prélats, les barons et le peuple rivalisèrent d'enthousiasme et d'ardeur dans la sainte cause de la patrie et de la religion. Jean sans Terre, autrefois déchu de tous ses biens à la suite de l'assassinat d'Arthur, et frappé d'excommunication par le Pape pour avoir persécuté les évêques d'Angleterre, n'avait fait que persévérer dans ses funestes desseins en recherchant l'alliance de l'empereur Othon, frappé comme lui des anathèmes de l'Église. Désespérant de le ramener à la justice, Innocent III venait de mettre son royaume en interdit et d'en donner la souveraineté à Philippe-Auguste, en le chargeant d'exécuter cette sentence *pour la rémission de ses péchés*. C'était donc entre les deux rois, et par conséquent entre les deux royaumes, une guerre suprême et décisive dont la France chrétienne acceptait avec orgueil et avec joie le glorieux fardeau. Vaincue, elle aurait recommencé la lutte séculaire dans laquelle elle disputait pied à pied ses frontières aux Anglais ; mais une fois victorieuse, elle chassait pour toujours ses incommodes voisins et les refoulait dans leur île en leur dictant ses conditions. Tout le monde le comprenait bien, et c'est pourquoi nul baron n'osa manquer au rendez-vous de Soissons.

II.

PRÉPARATIFS DE GUERRE EN ANGLETERRE.

Si la France était unanime dans le projet de conquérir l'Angleterre, Jean sans Terre, de son côté, se préparait à une lutte formidable et désespérée en convoquant le ban et l'arrière-ban de ses sujets. L'historien anglais, contemporain et témoin oculaire des faits qu'il rapporte, se sent ému et plein d'orgueil national au souvenir de cette guerre dont il cherche néanmoins à cacher les suites funestes pour son pays. Mais ce qui ressort surtout de son récit, c'est la grandeur à peine croyable des préparatifs, et c'est là ce que nous croyons curieux de rappeler, dans un moment où les deux peuples font l'un pour l'autre, et pour la sainte cause de la justice, des sacrifices aussi considérables qu'ils en mettaient autrefois à se détruire.

« Le roi d'Angleterre, dit Matthieu Paris, averti par ses espions de ce qui se passait dans les pays d'outre-mer, songea au moyen de déjouer adroitement les piéges qu'on lui préparait. Ledit roi, au mois de mars, fit faire le dénombrement de tous les navires qui se trouvaient dans les ports de toute l'Angleterre par ce message royal envoyé à chaque bailli maritime : « Jean, roi d'Angleterre, etc. Nous vous ordonnons, au vu de cette lettre, de vous rendre en personne, accompagné des baillis des ports, à chacun des ports de votre bailliage ; d'y faire avec grand soin le dénombrement de tous les navires que vous y trouverez pouvant porter six chevaux au plus ; et d'enjoindre de notre part aux maîtres des susdits navires, s'ils tiennent à se conserver eux, leurs navires, et tous leurs biens, de nous les amener à Portsmouth vers le milieu du carême, munis de bons et fidèles mariniers, bien armés, qui devront s'employer à notre service pour notre délivrance. Cela fait, vous retiendrez dans votre mémoire et au moyen d'un rôle exact, combien vous aurez trouvé de navires dans chaque port, à qui ils appartiennent, et combien de chevaux chacun d'eux peut porter. Puis vous nous ferez savoir le nombre et la nature des navires qui ne seraient point dans leurs ports le premier dimanche après les Cendres, comme nous l'avions ordonné. Ayez et gardez ce bref, fait sous nos yeux au Temple-Neuf, le troisième jour de mars. » Après s'être ainsi occupé des navires, le roi envoya d'autres lettres à tous les vicomtes du royaume sous cette forme : « Jean, roi d'Angleterre, etc. Faites sommer *par bons sommateurs* les comtes, barons, chevaliers et tous hommes libres et sergents, quels qu'ils soient et de quelque tenure qu'ils soient, qui doivent avoir des armes, et qui nous ont fait serment d'hommage et d'allégeance. S'ils nous aiment et s'ils tiennent à se conserver eux et leurs biens, qu'ils se trouvent à Douvres, le premier dimanche après Pâques prochain, bien équipés avec chevaux et armes, et tout ce qu'ils possèdent pouvant servir à défendre notre tête, leurs têtes et le pays d'Angleterre. Qu'aucun de ceux qui peuvent porter les armes ne reste chez lui, sous peine d'être traité comme cuivert (lâche) et réduit en perpétuel servage. Que chacun suive son seigneur, *et que ceux qui n'ont point de terre,* mais qui peuvent porter les armes, *viennent pour recevoir de nous la paie d'un sol.* (On voit l'idée de justice qui fait accorder une rétribution à ceux qui n'ont point de terre à servir ou à défendre et qui sont par là exempts de l'impôt ou du service militaire.) Et vous, rassemblez toutes les provisions et dites à tous les marchands de vos bailliages de venir à la suite de notre armée, en sorte qu'aucun marché de vos bailliages ne se tienne ailleurs qu'ici. Vous-même soyez ici à l'époque dite avec les susdits sommateurs, et sachez que nous voulons savoir de quelle manière vos bailliages ont contribué ; quels sont ceux qui sont venus, quels sont ceux qui ne sont pas venus. Et voyez à venir assez bien accompagnés et assez bien munis de chevaux et d'armes, et à exécuter nos ordres avec assez d'exactitude pour que nous ne devions pas nous en prendre à votre corps. Tenez un rôle à ce sujet pour nous avertir des noms de ceux qui seront restés. » Lorsque ces lettres eurent été publiées en Angleterre, des hommes de tout âge et de toute condition, qui ne craignaient rien tant que d'être traités comme cuiverts, se rendirent au bord de la mer, sur différents points où le roi devait le plus s'attendre à l'attaque des ennemis, je veux dire Douvres, Eeversahm et Ipswich. Mais au bout de quelques jours, les vivres ayant manqué à une si grande multitude d'hommes, les chefs de la milice en renvoyèrent dans leurs foyers un grand nombre qui ne se composait que d'une populace sans armes, et gardèrent seulement sur les côtes les chevaliers, les sergents et les hommes libres avec les arbalétriers et les archers. Bientôt arriva d'Irlande, Jean, évêque de Norwich, avec cinq cents chevaliers et une foule de chevaux ; il vint rejoindre le roi qui le reçut avec grande amitié. Lorsque tous furent réunis pour la guerre, on fit le dénombrement de l'armée à Barham-Downe ; et l'on trouva tant en chevaliers d'élite qu'en sergents braves et bien armés, soixante mille hommes de bonnes troupes, et si cette armée *n'avait eu qu'un cœur et qu'une âme* pour les intérêts du roi d'Angleterre et pour la défense de la patrie, il n'y eût pas eu de prince sous le ciel contre qui le royaume d'Angleterre ne pût se défendre. Le roi Jean résolut de livrer à ses adversaires une bataille navale, pour les écraser sur mer, avant qu'ils prissent terre dans ses Etats : en effet, sa flotte était plus nombreuse que celle du roi de France, et il était parfaitement sûr de pouvoir tenir tête à ses ennemis. »

Ainsi, malgré la supériorité numérique de ses vaisseaux, il se flattait seulement de tenir tête aux nôtres, et reconnaissait implicitement, par là, le courage de nos marins et le bon état de notre flotte. Mais ce rassemblement de tous ses navires et de tous ses hommes, cet appel au ban et à l'arrière-ban de ses vassaux et même de ses marchands, dans l'intérêt du salut public et pour la défense de la patrie, tout cet appareil formidable de forces à qui il ne manquait que de n'avoir qu'un cœur et qu'une âme, ne devait pas, pour cette année du moins, lui rendre de bien grands services. Et comment ses hommes n'auraient-ils eu qu'un cœur et qu'une âme, puisqu'il ne cessait de violer leurs priviléges, piller leurs biens, contester leurs droits, les sommant de lui obéir sous menace de les réduire en perpétuel esclavage, tandis que son rival prenait le conseil des siens et faisait appel à leurs nobles sentiments, comme le prouvent non-seulement les récits poétiques de Guillaume le Breton, mais aussi son histoire en prose et tous les chroniqueurs.

« La même année (1213), dit-il, le roi Philippe tint dans la ville de Soissons, le lendemain du dimanche des Rameaux, une assemblée à laquelle assistèrent tous les grands du royaume et le duc de Brabant, auquel le roi Philippe fiança dans cette ville même la jeune Marie, sa fille, veuve de Philippe, comte de Namur. Le duc, aussitôt après l'octave de la Pâque, l'épousa solennellement. On traita dans cette assemblée du projet de passer en Angleterre avec le roi. Le seul Ferrand, comte de Flandre, refusa son secours au roi, à moins qu'auparavant il ne lui rendît deux châteaux, à savoir Saint-Omer et Aire, que tenait Louis, fils aîné du roi. Le roi lui offrit un échange calculé sur une juste estimation de ces châteaux. Ferrand, refusant de libérer le roi à cette condition, se retira, parce que déjà alors, comme il parut bien depuis, il s'était allié avec le roi Jean, par l'intermédiaire du comte de Boulogne (1). »

Par le mariage de sa fille Marie avec le duc de Brabant, Philippe-Auguste s'était habilement ménagé une alliance et sans doute aussi un zélé soutien du côté de la Flandre dont le comte, Ferrand, venait de lui faire ouvertement défection. Mais voici dans Guillaume de Nangis des renseignements plus précis encore :

« Philippe, roi de France, ayant convoqué à Soissons les prélats et les barons de son royaume, y donna en mariage au duc de Brabant, Marie, sa fille, veuve de Philippe, comte de Namur. On y régla aussi, du consentement des barons, le projet de passer en Angleterre. Le motif qui excitait le roi à cette expédition était celui de rendre à leurs églises les évêques d'Angleterre exilés dans le royaume de France, de faire renouveler en Angleterre le divin office interrompu depuis sept ans, et de punir comme il le méritait, en le chassant entièrement du royaume, le laissant tout à fait sans terre, conformément à son nom, le roi Jean lui-même, qui avait tué son neveu Arthur, comte de Bretagne, avait pendu un grand nombre d'enfants qu'il avait pour ôtages, et commis d'innombrables crimes. Le seul Ferrand, comte de Flandre, refusa son secours au roi de France, Philippe, parce qu'il avait fait

(1) Guillaume le Breton, *Vie de Philippe-Auguste*, p. 256.

alliance avec Renaud, comte de Boulogne, par la médiation de Jean, roi d'Angleterre. Philippe, roi de France, chassa les mimes de sa cour, donnant cet exemple aux autres princes. » Bientôt après « il reçut en grâce la reine Isemburge, sa femme, dont il était séparé depuis plus de seize ans, et qu'il avait fait garder dans un château à Etampes. Cette réconciliation remplit d'une grande joie le peuple français. »

En 1201, à la suite de sa réconciliation avec Jean sans Terre, et sur les instances du légat du Pape, Philippe-Auguste avait répudié sa concubine et repris sa femme, sans cependant, dit le chroniqueur, remplir envers elle les devoirs du mariage. Mais à l'approche de la grande lutte qui allait avoir lieu, il se réconcilia tout à fait avec elle, à la grande joie du peuple, et chassa les comédiens de sa cour. Ces incidents, en apparence insignifiants, montrent bien le caractère moral et religieux de l'époque. Pour le mieux faire ressortir, Guillaume le Breton place cette réconciliation des époux royaux au moment du départ. « La flotte étant préparée pour passer en Angleterre, le roi Philippe le Magnanime reçut en grâce Isemburge, sa femme, fille du roi des Danois, dont il s'était séparé pendant plus de dix ans, ce qui occasionna une grande joie parmi le peuple ; car on ne trouvait rien dans le roi qui fût digne de blâme, si ce n'est seulement qu'il privait sa dite femme des droits qu'elle avait sur sa personne, quoiqu'il lui accordât magnifiquement toutes les autres choses qui lui étaient nécessaires. C'est pourquoi, dès qu'il l'eût reçue en grâce, tout le monde fut justement réjoui, après s'être affligé de le voir par cette dissension démentir sa tant grande vertu. »

Nous noterons en passant les droits de la femme sur son mari, comme parle le chroniqueur, et la présence de comédiens ou de mimes à la cour du roi, ce qui réfute bien des préjugés ; enfin nous ferons remarquer que l'assemblée de Soissons, composée de prélats et de barons, était une véritable assemblée consultative et représentative qui intervint d'une manière directe dans l'administration des affaires publiques. Si elle n'est point le premier exemple de ce genre que l'histoire nous ait conservé, elle en est du moins l'un des plus éloquents et des moins contestables. Un roi qui en pleine féodalité convoque son peuple, expie publiquement ses fautes et réforme sa cour pour attirer sur ses armes les bénédictions du ciel, cela montre la gravité de la situation et la haute importance des événements qui vont s'accomplir. Il ne s'agissait de rien moins en effet que de repousser l'Angleterre, la Flandre et l'Allemagne coalisées contre nous, et Philippe-Auguste, pour punir le comte Ferrand de sa défection, avait juré que *la France serait Flandre ou la Flandre France*. De son côté, Jean sans Terre rassemblait à Douvres son armée de soixante mille combattants, prête à fondre sur son adversaire, et une flotte considérable qui gardait les côtes contre l'invasion des Français. Mais la patriotique assemblée de Soissons pourvut à tous ces dangers.

III.

PROJET DE CONQUÊTE ET DE PARTAGE DE LA FRANCE.

Si nous disions que la Russie, ou plutôt la *Sainte Moscovie*, représentée par le parti des vieux croyants, résidant à Moscou, rêve secrètement de conquérir, non la France, mais l'Europe, et d'y faire prévaloir sa religion, ses croyances et ses mœurs, on nous taxerait sans contredit d'exagération, et l'on croirait que nous évoquons le fantôme menaçant de la barbarie pour réveiller le sentiment patriotique du pays et l'engager à porter patiemment le poids de la guerre. Il n'en serait rien cependant, et il suffit de jeter les yeux sur les innombrables ouvrages ou pamphlets que la propagande russe ne cesse de semer à Paris depuis vingt ans, pour voir combien ces rêves insensés la dominent et comment elle entend mettre en pratique la volonté de Pierre le Grand. Sous le nom de *Panslavisme*, si souvent répété dans nos journaux et nos revues, ce n'est pas seulement la réunion des peuples slaves qu'elle poursuit, mais c'est surtout la conquête de l'Europe qu'elle se promet et qu'elle leur fait entrevoir, afin de les mieux rattacher à sa politique envahissante et de les soumettre à son empire. De là le silence de la Pologne et de toutes les populations chancelantes qui l'entourent, toutes prêtes à se tourner du côté du vainqueur. « La civilisation moderne, disent les partisans soldés de « la Russie, qui n'en saurait avoir d'autres chez nous, la civilisation, « née en Orient, transportée en Grèce et à Rome, renaissante en Ita« lie et en France, réformée au XVIe siècle en Allemagne, doit revenir « à son berceau après avoir fait le tour du monde et éclairé la Russie, « dont la position entre l'Europe et l'Asie, entre l'Occident et l'Orient, « marque à n'en point douter la sainte et glorieuse mission. Les na« tions occidentales s'éteignent peu à peu et vont bientôt reposer « mollement dans leur tombe. Il appartient aux races jeunes, fortes « et croyantes du nord, de diriger l'avenir. » Voilà ce que les Slaves, Russes, Polonais ou Hongrois, ne cessent de proclamer par la bouche de leurs écrivains ou de leurs poëtes, trop souvent aidés par nos démocrates cosmopolites, afin de rallier leurs peuplades errantes et d'enflammer le courage de leurs farouches guerriers.

C'est comme le cri de la barbarie qui frappe à la porte de la civilisation, dans l'espoir d'un prochain triomphe. Et ce cri serait bien fait pour nous frapper de terreur si nous ne lisions pas dans l'histoire qu'il n'a cessé de retentir autour de nous depuis Charlemagne et Philippe-Auguste jusqu'aujourd'hui, en telle sorte que la loi du progrès humain et de nos destinées nationales paraît être, au contraire, de vaincre, tantôt par les armes et tantôt par l'esprit, ces sauvages populations du nord, afin de les appeler tour à tour aux bienfaits de la civilisation. Charlemagne, en effet, eut à repousser et à contenir des flots innombrables de Saxons, qui se divisèrent peu à peu en nations distinctes, et qui déjà, sous Philippe-Auguste, n'opposent plus que la Flandre et l'Allemagne à notre invincible ascendant. Aujourd'hui enfin, il nous faut aller dans les pays du nord les plus éloignés et les plus déserts pour rencontrer, non des ennemis, car nous pouvons toujours et partout en rencontrer pour un moment, mais des adversaires systématiquement hostiles à l'idée même de la civilisation occidentale, dont la France est la plus haute expression. En telle sorte que cette prétendue philosophie de l'histoire qui place dans la race slave les destinées de l'avenir, se trouve démentie non-seulement par le succès actuel et le triomphe prochain de nos armes, mais encore par l'étude attentive du passé. Il n'y a qu'une hypothèse qui laisse à la Russie quelqu'espoir de dominer le monde : c'est le cas où les peuples occidentaux cesseraient d'être réellement et sincèrement chrétiens ; car il n'y a que la vérité qui ne puisse pas périr, et parmi toutes les vérités que nous avons expérimentées depuis un siècle, il n'y a que la vérité chrétienne qui ne nous ait jamais trompés. C'est donc de ce côté que nous devons porter nos vœux et nos efforts, dans l'intérêt du salut de tous comme pour celui de chacun. De la communauté des croyances naît celle des sentiments, des idées, des besoins, et de là aussi ces sublimes élans patriotiques qui font que tout un peuple, comme la France rassemblée à Soissons en 1213, se sent vivre de la même vie et frémir des mêmes émotions.

« Le roi ayant vu les enfants de la France consentir à cette guerre avec tant d'empressement, renvoya les grands dans leurs domaines, afin qu'ils missent ordre à leurs affaires particulières, et qu'après les avoir réglées ils revinssent auprès de lui à une époque fixe. Il leur désigna le dixième jour avant les calendes de mai (22 avril 1213), jour auquel la flotte devait se réunir sur le rivage de Boulogne, pour transporter les guerriers, toute pourvue d'armes et des autres choses nécessaires à une si grande entreprise. Le roi et toute l'armée se rendirent en effet en ce lieu, et la flotte étant approvisionnée de tout point, on n'attendait plus qu'un bon vent et un temps favorable pour le départ. Le seul Ferrand, né en Portugal, manquait à cette réunion, seul il n'avait pas voulu promettre ses forces au roi, ni se lier par serment, *comme avaient fait les autres,* car il était déjà lié par serment envers Jean et le roi Othon, par l'effet des fraudes criminelles du comte de Boulogne, qui s'était appliqué à le rendre traître et digne de dépérir dans les fers. »

Pour exciter à ce point l'indignation du roi et des barons français, il fallait que la conduite de Ferrand fût bien coupable. On va voir en effet que Philippe-Auguste ne devait pas s'attendre à trouver le comte de Flandre parmi ses ennemis. « Ferrrand était né en Espagne et neveu de cette noble Mathilde de Portugal, qui était fille du roi, et qui avait épousé le comte Philippe (d'Alsace, comte de Flandre). Ce dernier étant mort sans enfants dans la ville de Saint-Jean d'Acre, avait eu pour successeur Baudoin son neveu. Baudoin ayant dans la suite fait la guerre au roi, sortit du royaume (1), devint monarque, posséda pendant quelque temps l'empire des Grecs, et fut enfin tué dans ce pays par le duc de Thrace. Il ne laissa point d'enfants mâles, mais il avait deux filles (2) qui brillaient dans sa patrie et étaient le seul espoir de sa postérité. Le roi Philippe, leur tuteur, les fit élever avec beaucoup de tendresse, comme les héritières d'un sang illustre. Lorsqu'on eut acquis la certitude de la mort de leur père, le roi, cédant aux supplications et à l'adresse de (Mathilde) la tante de Ferrand et ignorant tous les malheurs qui devaient résulter de cet événement, donna l'aînée en mariage à Ferrand, et y ajouta tout le comté de Flandre, présent magnifique. »

Voilà donc la colère du roi parfaitement justifiée. On va voir maintenant que la défection de Ferrand, dans un moment aussi solennel, mettait la France en péril et cachait les plus funestes desseins.

« Lorsqu'il se vit comte et devenu puissant d'humble qu'il était, grand de petit, riche de pauvre, Ferrand commença à vouloir se soustraire au joug du roi et à chercher les moyens de s'affranchir de son autorité. En conséquence, il n'eut pas de honte de dédaigner les

---

(1) On voit par là que si la Flandre n'était pas française, du moins elle était en France, selon l'opinion des contemporains.

(2) Jeanne, qui épousa Ferrand, et Marguerite, mariée d'abord à Bouchard d'Avesne, et ensuite à Guillaume de Dampierre.

paroles du roi et de désobéir à son seigneur, en ne se présentant pas lorsqu'il fut appelé. Et quoiqu'il eût promis au roi et à ses pairs de se soumettre sans murmurer à tout ce que le roi lui commanderait à ce sujet, il préféra tenir la parole par laquelle il s'était engagé envers les Anglais, afin de pouvoir, lorsque toute l'armée des Français aurait passé en Angleterre pour subjuguer les Anglais et leur roi orgueilleux, *disposer au gré de ses patrons de la France ouverte devant lui* et imprudemment abandonnée par son roi, dévaster lui-même les plus belles contrées du royaume, à la tête de ses peuples de Flandre, et triompher au gré de ses vœux du royaume et du roi. Il est hors de doute que Ferrand roulait de telles pensées dans son esprit, et même il avait juré à Jean de les accomplir.

C'était donc pour envahir la France avec Renaud de Dammartin et l'empereur d'Allemagne, pendant que l'armée serait en Angleterre, que le comte de Flandre avait refusé de prêter serment à Philippe-Auguste et de lui donner aucune assistance. Bien plus, pour détourner les soupçons et ne point laisser deviner ses projets, ou pour qu'on ne pût pas les déjouer à l'avance, il avait lui-même demandé à ne répondre d'une manière définitive aux sommations du roi que le jour du rendez-vous général; ce qui lui avait été accordé dans l'espérance qu'il reviendrait d'ici là à de meilleurs sentiments. Il n'en fut rien.

« Tant à l'aide d'indices certains que des vagues rumeurs de la renommée, Philippe fut instruit des choses que devait faire Ferrand, et les circonstances étant changées, il changea aussi ses projets, et donna ordre que Savary de Mauléon se hâtât de conduire la flotte vers Dam, suivi de ses Poitevins, qui connaissaient l'art de la piraterie, de Jean de Nivelle, de Louis Galiot et de Cadoc, avec sa bande de routiers impitoyables (c'étaient sans aucun doute des troupes soudoyées, des soldats, car Philippe-Auguste, dans toutes ces guerres, en fit constamment usage. Les seigneurs et les communes ne devaient qu'un certain nombre d'hommes et de jours au service de l'Ost, et les barons définitivement ralliés à la cause du roi ou à la maison de France, outre qu'ils avaient toujours quelques luttes personnelles à soutenir, n'étaient pas en assez grand nombre pour lui fournir une armée permanente). La flotte, partant du rivage de Boulogne, se répand sur la mer, et trouve à peine assez de place pour voguer; l'Océan semble trop étroit pour tant de navires; les vents du midi manquent de souffle pour faire glisser à la fois tant de voiles dispersées sur les ondes; si vous vouliez les embrasser toutes ensemble d'un coup d'œil, il faudrait que votre front fût armé des yeux du lynx. Que si par hasard vous cherchiez à les enfermer toutes sous un même nombre, vous auriez à ajouter cinq cent quatorze bâtiments au nombre de ces navires de l'Argolide, que le vent de l'est retint pendant longtemps dans l'Aulide, lorsque Neptune arrêtait la marche des Pélasges, pour prévenir la chute de cette ville de Troie qu'il avait lui-même élevée. »

Un poëte moderne, s'il était érudit, ne s'exprimerait pas mieux. Dans son récit en prose, le même historien dit que la flotte se composait de dix-sept cents navires. A l'aspect de cette formidable puissance, en voyant s'agiter au loin cette forêt de pavillons et de mâts, Jean sans Terre, qui nous observait sans doute de la côte de Douvres, commença à redouter les suites de son opiniâtreté et dépêcha secrètement vers le Pape des messagers chargés de le réconcilier avec lui. « Feignant la contrition, Jean déclare dans la fausseté de son cœur, qu'il s'est repenti de tous ses crimes : sous le masque de la piété, il ose adresser la parole à ces hommes apostoliques qui ont reçu le nom de cardinaux ; et, d'une voix caressante, il supplie le Père des pères d'accorder le pardon à ceux qui ont erré : « Je restituerai toutes choses au clergé, « s'écrie-t-il ; je dépose la couronne de roi dont je me reconnais in- « digne. Pierre, je résigne devant toi le diadème et tous les droits de « la royauté : que désormais Pierre soit mon roi, et moi, je serai le « chevalier de Pierre. »

Sans prendre à la lettre les élans lyriques et pompeux du poëte, nous savons que Jean sans Terre offrit de se soumettre au Pape, et c'était en effet un coup d'habile politique, puisque par là, il enlevait à son rival Philippe-Auguste tout prétexte d'agression, tandis que de son côté il restait libre de s'unir à son neveu Othon ou de poursuivre seul la guerre sur le continent, afin de reconquérir les nombreuses provinces qu'il avait successivement perdues depuis dix ans. Car, selon le témoignage de Guillaume de Nangis, conforme à celui de Guillaume le Breton, « le motif qui excitait le roi Philippe le Magnanime à vouloir passer en Angleterre, était le désir de rendre à leurs églises les évêques qui, chassés depuis longtemps de leurs siéges, étaient en exil dans son royaume ; de rétablir en Angleterre le service divin déjà interdit depuis sept ans ; de faire subir au roi Jean, qui avait tué son neveu Arthur, fait périr un grand nombre d'enfants et cent quatre-vingt-quatre ôtages, et commis d'innombrables crimes, le châtiment qu'il méritait, et, le chassant entièrement du royaume, de le rendre, selon l'interprétation de son nom, tout à fait Jean sans Terre. »

En un mot, à cette époque comme naguère encore en 1848, l'opinion commune voulait que la France fût la protectrice de l'Eglise, la sauvegarde de la justice et de la religion. Mais si Jean sans Terre était absous par le Pape et s'il réparait ses fautes antérieures, la guerre redevenait politique, de souverain à souverain, et nous n'avions plus aucun motif, aucun droit pour envahir son royaume. Les prélats qui avaient offert et promis leur concours avec un si grand enthousiasme dans l'assemblée de Soissons, pouvaient rappeler leurs hommes après le temps strictement dû au service du roi, et beaucoup de seigneurs également intéressés à mettre un frein à la puissance de l'un et l'autre monarque, avaient aussi un prétexte suffisant de revenir dans leurs domaines. En rapprochant les documents contemporains, qui se complètent et s'éclairent mutuellement, nous allons voir en effet se dérouler la marche nécessaire des événements.

IV.

CONQUÊTE DE LA FLANDRE.

Nous ne prétendons point pousser l'analogie des deux époques jusqu'à une entière similitude. Les faits, le temps, les lieux s'y opposent. Mais un des points les plus curieux à noter est de voir au XIII° siècle, comme aujourd'hui, une flotte des plus considérables servir d'appui et au besoin d'avant-garde ou de retraite aux armées de terre. Tandis que nous conquérions la Flandre comme en ce moment la Crimée, nos vaisseaux longeant la côte, surveillaient l'ennemi et l'empêchaient de venir attaquer ou surprendre les troupes assiégeantes. C'est donc par erreur que l'on a cru pouvoir dire que la campagne actuelle n'avait jamais eu d'analogue dans l'histoire ; mais il faut avouer qu'on ne la peut comparer qu'à celle qui précéda et prépara l'immortelle victoire de Bouvines, dans laquelle les hommes de la vallée de Soissons, bourgeois et communiers, jouèrent un rôle si glorieux et si important.

« La flotte de Philippe, roi de France, dit Guillaume de Nangis, équipée pour passer en Angleterre, étant prête, le roi se rendit avec une grande armée à Boulogne sur Mer. Ayant attendu pendant quelques jours en cette ville ses vaisseaux et ses hommes qui arrivaient de tous côtés, il passa jusqu'à Gravelines, ville située sur les frontières de la Flandre, où toute la flotte le suivit. Ferrand, comte de Flandre, qu'on y attendait, n'y vint pas, comme il avait été convenu, et ne satisfit en rien, quoiqu'à sa demande ce jour lui eût été fixé pour faire satisfaction. C'est pourquoi (ce mot nous serait incompréhensible si nous n'en avions pas trouvé l'explication dans Guillaume le Breton) le roi, abandonnant le projet de passer en Angleterre, attaqua le territoire de Flandre, prit Cassel et Ypres, et tout le pays jusqu'à Bruges. Ayant traité cette ville selon son bon plaisir, il partit pour Gand, laissant un petit nombre de chevaliers et d'hommes d'armes pour la garde des vaisseaux qui l'avaient suivi par mer jusqu'à un port nommé Dam, et situé non loin de Bruges. » Dans un précédent extrait de la *Philippide*, nous avons vu le poëte lancer contre cette ville de Dam (dam dé fait et de nom) des imprécations pour le moins étranges et que rien ne semblait justifier. Nous allons connaître maintenant les douloureux souvenirs auxquels il faisait sans doute allusion ; car cette campagne de Flandre fit payer cher la gloire incomparable qu'elle répandit sur nos armes. Mais avant d'y arriver, prenons le témoignage de Guillaume le Breton qui nous fournit de nouveaux détails : « La même année (1213) le roi Philippe le Magnanime, avec une immense armée, vint à Boulogne, où il attendit quelques vaisseaux et des hommes qui venaient à son aide de différents pays. De là, il passa *la veille de l'Ascension*, jusqu'à Gravelines, ville opulente, située sur la frontière de la Flandre, sur les côtes de la mer d'Angleterre, et vers laquelle toute sa flotte le suivit. Là, le comte Ferrand, *d'après ce dont on était convenu*, devait venir vers le roi, et lui faire satisfaction de toutes ses injures. N'observant pas plus sa foi en cette circonstance que dans les autres, il se fit attendre pendant un jour entier, ne vint point, et ne fit aucune satisfaction, *quoiqu'à sa demande* ce jour lui eût été assigné par le roi pour lui faire satisfaction de toutes les choses passées. *Ayant pris conseil* des barons venus de France, de Belgique, de Bourgogne, de Normandie, d'Aquitaine et de toutes les provinces du royaume, le roi Philippe le Magnanime abandonna le projet d'aller en Angleterre, se détourna avec toute son armée vers la Flandre, et prit Cassel, Ypres et tout le territoire jusqu'à Bruges. Sa flotte, qu'il avait laissée à Gravelines, le suivit par mer jusqu'au *fameux* port de Dam, éloigné seulement de deux milles de Bruges. Ayant fait ce qu'il voulait au sujet de Bruges, il marcha vers la très-opulente ville de Gand, après avoir laissé à Bruges un petit nombre de chevaliers et d'hommes d'armes pour la garde des vaisseaux, car son dessein était, après la prise de Gand, de faire voile vers l'Angleterre. » En effet, on ne pouvait plus quitter le continent avant d'avoir vaincu le comte de Flandre, subjugué ses peuples et tiré des ôtages de ses principales villes. D'ailleurs, Jean sans Terre, en envoyant au pape des paroles de soumission, avait paralysé les forces de son rival et détourné momentanément ses coups. Profitant de ces retards et de la nécessité où se trouvait Philippe-Auguste de conquérir la Flandre, les Anglais, secrètement prévenus et appelés par Ferrand, leur allié, vinrent détruire la flotte.

« Pendant que le roi était au siége de Gand, dit Guillaume le Breton, vinrent d'Angleterre : Renaud, comte de Boulogne, Guillaume, comte de Salisbury, surnommé Longue-Epée, Hugues de Boves et beaucoup d'autres. Le comte Ferrand avec les Isangrains, les habitants du pays de Furnes et les Flamands, vinrent au-devant, *comme gens qui savaient bien d'avance leur arrivée*. Ils se jetèrent aussitôt sur des bâtiments légers, ils s'emparèrent de nos vaisseaux dispersés sur les côtes, parce que le port, quoique d'une grandeur extraordinaire, ne pouvait les contenir, étant au nombre de mille sept cents. Ils emmenèrent tous les vaisseaux qu'ils trouvèrent hors du port, et le lendemain ils assiégèrent le port et la ville. Nous fortifiâmes comme nous pûmes le port, les vaisseaux et la ville. A la nouvelle de ce qui se passait, le roi leva le siége de Gand, retourna avec son armée vers les assiégés, fit abandonner le siége aux ennemis, et les chassa jusqu'à leurs vaisseaux, après en avoir beaucoup tué et submergé jusqu'à près de deux mille. Il emmena captifs beaucoup de bons et braves combattants, revint victorieux vers Dam, livra aux flammes tous les pays environnants, fit décharger les vaisseaux qui restaient des vivres et autres effets qu'ils portaient, puis incendia et réduisit en cendres toute la flotte et toute la ville. Ensuite il marcha de nouveau vers Gand. Ayant reçu des ôtages de cette ville, d'Ypres, de Bruges, de Lille et de Douai, il retourna en France. Il retint en son pouvoir Lille, Douai et Cassel. Il leur renvoya leurs ôtages en liberté (conduite bien différente de celle de Jean sans Terre, qui les faisait assassiner). Il rendit pacifiquement, pour trente mille marcs d'argent, les ôtages de Gand, d'Ypres et de Bruges, mais il détruisit Lille de fond en comble, à cause de la méchanceté de ses habitants. Il laissa Cassel à moitié démoli, et retint Douai en son pouvoir. » Ainsi se termina cette glorieuse campagne de l'an 1213, que devait couronner l'année suivante l'immortelle bataille de Bouvines. Pierre Mauclerc, qui n'avait pas encore pris possession de la Bretagne, et que les dangers de la patrie appelaient au premier rang de ses armées, combattait avec ses oncles et ses frères autour du jeune et courageux Louis VIII, le digne fils de Philippe-Auguste. La *Philippide* nous le montre chassant les ennemis du port et de la ville de Dam, sorte d'entrepôt commercial dont nous pourrions difficilement soupçonner la richesse, si nous n'en avions, dans ce qui suit, une preuve éclatante.

« La première station de la flotte, dit le poëte, fut à Calais, et la seconde dans ton port, ô Gravelines, d'où le roi et son armée continuèrent leur marche par la voie de terre, après que les citoyens leur eurent livré et leurs personnes et tous les trésors que possédait cette riche cité. Le roi cependant ne voulut pas la piller, et en étant devenu seigneur, en fit la cession au seigneur Louis (son fils). Partie de Gravelines, la flotte, sillonnant les flots de la mer, parcourut successivement les lieux où elle ronge les rivages blanchâtres du pays des Blavotins, ceux où la Flandre se prolonge en plaines marécageuses, et ceux où l'Isengrin, puissant à la guerre, armé de son glaive et de sa lance, parcourt la terre, combattant sans cesse, et ceux encore où les habitants de Furnes, voisins d'un golfe, labourent seuls les champs, et où le Belge montre maintenant ses pénates en ruines, ses maisons à demi-renversées, monument de son antique puissance, lieu où le peuple nervien fut puissant par ses armes et livra de fréquentes batailles; le

Nervien, *que toutes les forces de Rome ne purent jamais subjuguer complètement, ni contraindre à payer des tributs fixes*. En ces lieux habite le Belge, inventeur des chariots de guerre appelés *corvins*, selon que tu l'attestes, ô Lucain,

Et docilis rector monstrati Belga corvini.
LUCAIN.

le Belge, puissant par ses richesses, par ses armes et par ses forces, jadis grand ennemi des Romains, et tellement illustre dans le monde entier, que la Gaule reçut autrefois de lui le nom de Belgique, qui fut donné au tiers de ce royaume. Partant de ces lieux et poussée par un vent propice, la flotte entre joyeusement dans le port qui a reçu son nom de Dam, port tellement vaste et si bien abrité, qu'il pouvait contenir dans son sein tous nos navires.

« Là, Savary (l'un des marins soudoyés par Philippe-Auguste) trouve, bien au-delà de ses espérances, des richesses apportées par des navires de toutes les parties du monde, des masses d'argent non encore travaillé, et de ce métal qui brille de rouge; des tissus des Phéniciens, des Sères (Chinois) et de ceux que les Cyclades produisent; des pelleteries variées qu'envoie la Hongrie, de véritables grains (il y en avait donc de faux) destinés à la teinture en écarlate, des radeaux chargés de vins que fournissent la Gascogne ou la Rochelle, du fer et des métaux, des draperies ou d'autres marchandises que l'Angleterre, ainsi que la Flandre, avaient transportées en ce lieu, pour les envoyer de là dans les diverses parties du monde, et pour en rapporter ensuite les bénéfices à leurs maîtres, dont l'espérance est toujours mêlée de quelque crainte, compagne inséparable d'un sort incertain et qui fait présager avec angoisse des accidents inattendus. L'avide pirate Savary et les hommes qui formaient sa brutale cohorte, secondés en tout point par Cadoc, et aidés en outre par leurs compagnons, enlèvent toutes ces richesses aux habitants de ces lieux, au mépris du traité de paix conclu avec eux, ne craignant point de violer la foi promise et de méconnaître leurs engagements : et ce furent sans doute ces péchés qui amenèrent le désastre de notre flotte. » — En effet, les habitants justement indignés d'une pareille conduite, durent appeler les Anglais à leur secours. Ce trait d'histoire a surtout le mérite, à nos yeux de nous montrer la prodigieuse activité commerciale qui régnait, au moyen-âge, dans ce port de mer pouvant contenir dix-sept cents navires, fort petits sans doute, mais correspondant avec le monde entier.

Qui s'attendrait à trouver un pareil entrepôt en Frandre au XIIIe siècle ? — Nous voyons par-là aussi l'usage des pirates soudoyés contre l'ennemi. L'indiscipline de ces farouches corsaires amena la destruction de la flotte, perte sans doute considérable, mais dont les vaincus durent supporter la lourde charge. La campagne de terre fut plus heureuse, ainsi qu'on le verra bientôt.

Un moderne historien de Soissons, plus estimable pour le patriotisme de ses sentiments que pour l'exactitude de ses connaissances ou la justesse de ses appréciations personnelles, prétend que Philippe-Auguste ne fit la guerre au comte de Flandre qui lui avait refusé le service féodal, que pour se venger de ce refus et *détourner ses armes de Jean sans Terre*, sur le point de se réconcilier avec le pape. Mais un motif aussi puéril n'aurait pu suffire à justifier la conquête de la Flandre, et les seigneurs ecclésiastiques ou laïques qui accompagnaient et aidaient le roi dans cette entreprise, n'auraient pas

senti pour si peu à porter le fer et le feu dans ces riches contrées.
L'homme est toujours semblable à lui-même ; malgré les rêves ou les
illusions du progrès indéfini, il a toujours besoin de donner à sa conduite politique des motifs plus ou moins plausibles, mais suffisants.
C'est calomnier gratuitement le moyen-âge, la France et son roi, que
de ne point éclairer les faits et de ne pas s'en rapporter non plus à
ceux qui en ont été témoins. Dès cette époque, nous formions une nation unie, forte, compacte, et pour ce motif, nous avions autour de
nous autant d'admirateurs que d'adversaires. Au Midi, tout l'Albigeois
se soulevait pour repousser notre influence, notre religion, nos lois,
nos conquêtes et opposer au génie de la France un socialisme anticipé.
Au Nord, c'était la Flandre, où l'Angleterre avait de nombreux éta-
blissements, de vives sympathies, de fréquentes relations, et qui était
toujours prête à se tourner contre nous ; à l'Ouest, la Bretagne, comme
nous l'avons déjà dit, se remuait dans une continuelle anarchie, ap-
pelant à son secours tantôt l'Angleterre et tantôt la France. Enfin la
Bourgogne à l'Est et l'Allemagne, nous obligeaient à une active surveillance. En 1213, au moment où Philippe-Auguste, au parlement
de Soissons, le lendemain de Pâques-Fleuries, proposait d'opérer une
descente en Angleterre afin d'accomplir la sentence portée par les barons français en 1203, le vœu plus récent du pape Innocent III, le devoir enfin que l'opinion assignait alors à la couronne de France et
qui était de servir et protéger l'Eglise envers et contre tous ses ennemis, à ce moment, disons-nous, tous les rivaux de notre gloire naissante s'étaient ligués contre nous, aux instigations de Jean sans Terre.
Ainsi l'Aquitaine et l'Albigeois, ranimant tout à coup dans leur sein
le fanatisme révolutionnaire et communiste des hérétiques, occupaient et retenaient un grand nombre des principaux seigneurs. La
Bretagne qui n'était pas encore remise aux mains de Pierre Mauclerc,
appelait l'intervention du fils du roi et de ses plus dévoués serviteurs.
Soixante mille Anglais nous menaçaient à Douvres ; Renaud de Dammartin, comte de Boulogne, marchait avec nos ennemis, et la Flandre
enfin, tout entière, se préparait à fondre sur nous. Vaincre ou mourir, telle était alors, comme maintenant, la nécessité où nous nous
trouvions engagés. Cela suffit pour justifier la guerre, car la lutte dans
ce cas est le plus saint des devoirs. C'est donc par une inconcevable
légèreté ou par une incroyable inadvertance que l'historien de Soissons dont nous venons de parler, a cru devoir taire les véritables motifs de la conquête de la Flandre, motifs que ses volumineux travaux
sur l'histoire de France ne lui permettaient pas d'ignorer. Par de semblables oublis, les faits se trouvent habilement dénaturés, et les hommes nous apparaissent sans raison, sans but et sans loi. Grâce à ces
sous-entendus volontaires ou involontaires, les chefs d'Etat devien-
nent de capricieux despotes et d'odieux tyrans ; les seigneurs, des soldats batailleurs et rapaces ; les prélats, de jaloux fanatiques avides de
pouvoir et de sang, tandis que tout cela n'existe que dans les imaginations de l'ignorance ou de la mauvaise foi ; car, nous ne saurions
trop le répéter, tandis que tout change autour de lui, l'homme seul
ne change pas, sinon dans sa manière de voir, du moins dans ses passions, ses vertus ou ses vices, qui constituent partout et toujours les
conditions de sa liberté ou de ses mérites, et qui, pour ce motif, sont
toujours les mêmes.

V.

PIERRE MAUCLERC ET LES SOISSONNAIS CHASSENT LES PIRATES ANGLAIS.

Cette flotte immense pour ce temps, et qui le serait peut-être encore pour le nôtre, devait appuyer l'armée de terre et protéger sa marche en lui permettant de se ravitailler, ou de rester sans cesse en communication avec la patrie ; car nous étions là dans un pays tout à fait hostile, placé entre trois armées ennemies qui pouvaient à tout moment fondre sur nous et nous détruire. La garde des dix-sept cents navires avait été confiée à Raoul de Neele ou de Nivèle, comte de Soissons, et à Albert de Hangest, tous deux illustres par leur courage et par leur dévoûment à la France. Mais en présence de cette riche cité qui ne montrait contre nous qu'une aveugle malveillance, et placés à la tête de pirates aussi fameux et redoutés que l'étaient Savary et Cadoc, les deux chefs n'avaient pu empêcher de nombreuses collisions et finalement le pillage des plus riches commerçants de la ville. Ceux-ci pour se venger, et mus d'ailleurs par leur animosité contre la France et par leur sympathie déjà si vive alors en faveur des Anglais, firent savoir à nos ennemis que la flotte était presque sans assistance dans le port ; que l'armée de terre, retenue au siége de Gand, ne pourrait pas les recevoir, et qu'ils étaient prêts à faciliter sa destruction. Les Anglais aussitôt préparèrent le coup de main dont nous venons de parler et que nous allons exposer avec plus de détails, afin de relever la conduite hardie et courageuse d'un illustre Soissonnais, Pierre Mauclerc, déjà duc de Bretagne, mais de nom plutôt que de fait, puisque nous le voyons encore figurer dans cette mémorable campagne avec les hommes de ce nom ; et chacun sait qu'au moyen-âge, les troupes, toutes fières de leur pays et de leur nom, se rangeaient suivant leur commune origine.

Ces citations fréquentes des chroniqueurs contemporains vont admirablement au but que nous nous proposons, et qui est moins de faire l'histoire que la faire lire ; car on ne fait pas l'histoire, elle est toute faite, non-seulement dans le grand livre de vie où Dieu conserve les gestes des Francs et les siens, *Gesta Dei per Francos*, non-seulement dans le sang des générations qui se succèdent et qui héritent les vertus ou la gloire de leurs ancêtres, non-seulement dans la mémoire des hommes et des peuples qui se transmettent, sous la forme du respect et de l'admiration, le souvenir des grandes nations, mais encore et surtout dans les écrits, quels qu'ils soient, des contemporains. C'est là qu'il faut aller chercher l'histoire vivante et véritable des temps qui ne sont plus, le récit des événements éteints, des mœurs oubliées, des émotions évanouies, des sentiments perdus et souvent indicibles que le cœur ne comprend pas et que l'imagination ne saurait peindre. Voilà l'histoire, la seule vraie, exacte, sincère, impartiale, la seule digne des hommes intelligents et libres que nous sommes et que nous voulons être. Aussi nos maîtres, ou plutôt notre maître et le maître de toute l'histoire moderne, M. Augustin Thierry, n'a-t-il jamais cherché autre chose, soit dans ses *Lettres*, dans ces admirables *Récits mérovingiens* qui sont des tableaux plutôt que des récits, soit enfin dans son magnifique chef-d'œuvre, l'*Histoire de la conquête*, qui n'a pas seulement porté son nom et le nom de la France chez tous les peuples, dans tous les pays, mais qui, de plus, a fait pénétrer et a pour ainsi dire nationalisé, par une nouvelle conquête, son génie et le nôtre chez une nation justement fière de son passé et de sa grandeur présente, où cet immortel ouvrage, ce qui ne s'est encore présenté pour aucun livre et pour aucun auteur, est devenu le livre de toutes les familles, le guide classique de toutes les écoles et le modèle inimitable de tous les historiens. Outre le succès qu'il doit à son génie d'historien, à son art prodigieux de conteur, à son grand amour de la vérité, à son style vif, animé et toujours d'une élégance et d'une pureté digne du grand siècle qu'il rappelle par tant de points et par la réunion de tant de rares qualités, trop souvent dédaignées ou méconnues aujourd'hui, M. Augustin Thierry, comme tout le monde se plaît à le reconnaître, est redevable d'une partie de son mérite et de ses succès à la méthode historique que d'autres avaient peut-être entrevue et tentée avant lui, mais qu'il a su appliquer avec tant de bonheur et de talent. Ce qui faisait dire à Mme la princesse de Duras, avec une merveilleuse sagacité et une finesse d'esprit non moins étonnante, au moment où parut le livre de la *Conquête*, après le succès qu'avait obtenu M. de Barante par son histoire des ducs de Bourgogne : « Ah! M. Thierry a fait ce que M. de Barante avait voulu faire; » mot très-vrai, très-juste, et qui renfermait alors un éloge que les années n'ont fait que grandir en le ratifiant, et dont le nom de l'éminent historien peut se passer maintenant.

Le caractère de l'histoire moderne est donc de se raviver aux sources, et de peindre les époques ou les mœurs plutôt que de les raconter. Voilà ce que nos maîtres nous ont appris et ce que nous devons enseigner à nos enfants, pour que le flambeau de l'histoire, si brillant aujourd'hui, ne s'éteigne plus dans les ténèbres de l'ignorance, de l'erreur ou du préjugé. Il faut se faire le contemporain des siècles que l'on étudie, et non pas les ramener à soi. Il faut pour un moment, vivre, sentir, aimer en eux, pour eux et comme eux, et les faire sortir en quelque sorte de leur tombeau pour les mieux voir agir et se mouvoir devant nos yeux. Il faut aller à eux, se prêter ou plutôt se donner à eux tout entier, afin qu'eux aussi se donnent à nous tout entiers. Grâce à cela, notre siècle, qui a été baptisé presque à son début du nom de siècle historique, méritera vraiment son nom, et fera oublier une partie des maux causés par le siècle précédent, qui s'est nommé lui-même le siècle des lumières et qui, si les noms doivent avoir quelque rapport à la nature des choses, ne sera plus connu dans l'avenir que sous le nom de *siècle des ténèbres*. Déjà sous le point de vue *historique*, qui nous occupe seul en ce moment, nous savons qu'il a tout ignoré, méconnu, faussé, défiguré, et que son ignorance et sa haine du passé n'ont d'égale que sa folle prétention à tout refaire. Nous pouvons donc en ce point rejeter son héritage et rompre complètement avec lui. C'est aussi ce qu'a fait avec tant d'éclat et d'à-propos l'école moderne.

Pourquoi substituer son opinion, son jugement, sa pensée, à l'opinion des contemporains, au jugement et à la pensée du siècle? N'est-ce pas refaire l'histoire à son point de vue, comme on dit, et multiplier les erreurs? Qui peut prétendre de connaître mieux une époque qu'elle ne s'est connue elle-même? A quoi bon d'ailleurs? — Les faits par eux-mêmes ne sont rien; ils ne valent que par l'enseignement qu'ils portent chez ceux qui en sont les acteurs ou les témoins. C'est cet enseignement que nous avons besoin de recueillir et de connaître, parce que c'est lui qui a pénétré pour ainsi dire dans le corps, le sang et la vie de l'humanité, et qui a produit peu à peu les siècles postérieurs. Au contraire, lorsque nous nous servons de la connaissance que nous avons ou que nous croyons avoir du présent pour juger plus ou moins sévèrement le passé, nous faisons en histoire comme les révolutionnaires en politique, nous renversons la pyramide et voyons toutes choses à l'envers, au travers de nos passions et de nos préjugés. Nous ajoutons les erreurs contemporaines aux erreurs déjà trop nombreuses du passé; les obscurités du présent aux obscurités du passé; les ignorances et les difficultés de chaque jour, aux ignorances et aux difficultés des anciens temps. Nous faisons la nuit autour de nous et nous accumulons tant de ténèbres involontaires sur les générations qui nous suivent, que nous ne tardons pas à les voir se précipiter avec fureur les unes contre les autres et se porter dans l'obscurité qui les recouvre, des blessures trop souvent incurables. Ainsi faisons-nous depuis un siècle, depuis le siècle de la raison et de la terreur qui, par un privilége spécial, dure depuis cent cinquante ans. Et puisque c'est l'ignorance, surtout l'ignorance de l'histoire, qui avec le mépris de la morale et de la religion nous a précipités dans ce chaos, il ne faut pour en sortir que restaurer l'étude de l'histoire. Aussi voyons-nous de tous les points du sol surgir ces académies ou sociétés savantes qui excitent, soutiennent ou dirigent les efforts individuels, popularisent la science, conservent la vérité, et préparent à l'avenir des temps plus calmes ou plus heureux.

Mais l'histoire elle-même, en l'absence d'une bonne méthode, deviendrait bientôt le refuge de toutes les mauvaises passions, le rendez-vous de toutes les erreurs et de toutes les sottises humaines, le réceptacle enfin des lieux communs et des préjugés qui n'osent plus s'avouer ailleurs, si elle ne remontait pas sans cesse aux sources ou aux traditions nationales, et si elle ne se vérifiait pas encore par les histoires ou par les chroniques contemporaines des peuples voisins. Car je le répète, les faits ne sont que l'ombre des idées, c'est-à-dire rien et moins que rien en dehors de l'esprit de ceux qui les contemplent. Si l'on retranche l'homme, ses passions, ses besoins, ses vertus, ses vices, et par conséquent ses *idées* ou sa manière de voir et de comprendre ce qui se passe sous ses yeux, le théâtre du monde, si noble et si grand en vue du ciel, n'est plus que comme un spectacle d'ombres chinoises que se donne le grand acteur de l'univers pour distraire les jours éternels. La vie n'a plus de réalité; notre présence ici-bas n'a plus de sens. Tout est bien ou mal au gré de nos caprices, selon les partis que nous embrassons ou selon les points de vue que nous choisissons pour contempler de loin la scène mobile et mouvante des passions humaines. Tout change, tout se meut, tout varie, sans que nous puissions dire pourquoi, ni comment. L'hypothèse d'aujourd'hui fait place à celle de demain, et l'histoire ainsi livrée à la fantaisie de chacun, n'est plus qu'un champ de bataille où se combattent les plus folles imaginations. C'est ce qu'on appelle l'histoire rationaliste, comme l'entendait le dix-huitième siècle, et comme l'entendent encore quelques compendieux historiens, dont les volumineuses compilations ressemblent plus à un pamphlet contre l'Eglise ou la maison de France, qu'à une histoire de la noble et grande nationalité française. Or, si nous inspirons à quelques lecteurs le goût de l'école historique moderne et l'amour des chroniques du moyen-âge, notre double but sera atteint, et nous aurons fait tout le bien que nous avons l'ambition de faire en lui racontant les épisodes qui précédèrent la bataille de Bouvines. Nous avons laissé la flotte cherchant un refuge dans le port de Dam, afin de surveiller de là la marche des armées de terre :

« Le roi, pendant ce temps, dit Guillaume le Breton, conquérait tou le pays, et ses troupes se dispersaient de tous côtés dans les campagnes semblables aux sauterelles qui, inondant les plaines de la terre, se chargent de dépouilles et se plaisent à enlever du butin. Bientôt la terreur seule lui soumet les remparts de Cassel, suspendus au somme' d'une haute montagne. Après avoir solidement garni les murailles de cette ville d'armes et de chevaliers, infatigable, le roi se dirige promp tement avec ses troupes vers le territoire d'Ypres, et subjugue cette ville, ainsi que beaucoup de châteaux. Ferrand, qui avait faussement promis au roi de se rendre en ce lieu (peut-être pour gagner du temps après avoir une première fois manqué à ses promesses), ne voulut point se présenter, *car sa malheureuse épouse avait déjà reçu les présents de Jean*, présents qui ne pouvaient lui tourner à bien. D'autant plus irrité, le roi conduit plus loin son armée, et ne s'arrête que lorsqu'il a reçu la soumission de Bruges et de tous les nobles villages qui l'environnent. Déjà il ordonne au comte de Soissons (Raoul de Nivelle), et à Albert de Hangest de demeurer à Dam, pour protéger la flotte, et leur donne en outre deux cent quarante chevaliers et dix mille servants d'armes, hommes éprouvés dans les combats. De là le roi s'avance vers des territoires plus éloignés et jusqu'aux extrémités du royaume de Flandre... Enfin il s'arrête avec ses troupes afin d'abattre l'orgueil des Gantois. Mais tandis qu'il travaille à renverser les portes qu'ils avaient fermées, voici qu'un messager, apportant des lettres de Dam, arrive au camp, d'une marche rapide, et s'écrie aussitôt d'une voix attristée : « Avant-hier, ô roi, le héros de Salisbury et
« le comte de Boulogne, suivis de plusieurs milliers de guerriers venus
« d'Angleterre sur des radeaux et de longues galères, ont tout à coup
« débarqué près de nous, au point où les flots de la mer viennent, par
« un passage étroit, se briser sur le rivage de Dam. Déjà tous les Bla-
« votins, sortis de leurs cavernes, ont dressé leurs bannières ; tous les
« Isengrins, les habitants de Furnes, les Belges, ne formant qu'un seul
« corps, se sont réunis au comte Ferrand et au comte de Boulogne, et,
« tous ensemble, serrent de près nos navires, imprudemment dispersés
« sur une trop vaste plage, et qu'il y aurait beaucoup plus de sûreté à
« réunir en un seul port. »

« Le messager voulait ajouter beaucoup d'autres paroles encore ; mais voici qu'un nouveau messager se présente et donne de nouveaux détails. Il tombe presque en défaillance, à peine peut-il se faire comprendre, tant il reprend péniblement le souffle, tant sa course rapide a épuisé ses forces.

« Déjà ils se sont emparés de quatre cents de nos navires, et aucune
« issue n'est ouverte par où le reste de notre flotte puisse, si elle le
« voulait, s'avancer en pleine mer. Les chevaliers anglais observent
« l'entrée du port et enveloppent les deux côtés du rivage. Le vaisseau
« lui-même (sans doute le vaisseau chef ou royal) n'est point en sûreté
« au milieu des autres, il manque de défenseurs et pourrait être fa-
« cilement enlevé. Guillaume le Petit n'a aucun moyen de protéger les
« *tonneaux ferrés* qui sont tous remplis de l'argent monnayé qu'il a
« coutume de répandre dans le camp à titre de solde, distribuant les
« trésors du fisc de sa main fidèle, tandis que les *Poitevins* veillaient
« à la garde des dépouilles que naguère, avec l'aide de Cadoc, ils ont
« enlevées aux habitants de Dam, au mépris de leurs traités, et les gar-

« dent avec beaucoup plus de vigilance qu'ils n'en mettent à garder
« tes richesses et tes vaisseaux. Robert de Poissy, avec un petit nombre
« de guerriers, résiste seul aux attaques et défend les portes de la
« ville, et déjà il a perdu ses frères dans un combat. L'armée ennemie
« cependant assiége toutes les portes, et nous aurons bientôt tout
« perdu si tu ne te hâtes de te présenter. »

« Il dit, et l'un et l'autre des messagers remettent au roi les lettres
revêtues du sceau du comte de Soissons, par lesquelles il devait être
prouvé qu'ils n'avaient dit que la vérité.

« Lorsqu'on eut vérifié leur rapport, le roi dit : « Ne nous arrêtons
« point à tenir conseil ; hâtons-nous de relever nos affaires en désor-
« dre... Mais comme il n'est pas facile de faire marcher rapidement à
« travers la Flandre une telle armée, qui traîne à sa suite tant de cha-
« riots et de bêtes de somme, il faut que quelqu'un de nous se porte
« en avant avec des escadrons légèrement armés, afin de donner des
« consolations à ses compagnons et de ranimer leurs espérances, tan-
« dis que nous arriverons sur ses traces. »

« PIERRE, le duc des Bretons, s'offrit spontanément pour cette entreprise, et *l'accepta comme un beau présent.* Le soir étant venu,
il sortit du camp avec cinq cents chevaliers, et marchant sans prendre
un moment de repos, il arriva vers nous le lendemain matin, lorsque
la troisième heure du jour n'était pas encore passée, nous apportant
la joie et une précieuse assistance. Le roi le suivit d'aussi près qu'il le
put, à raison de la masse qu'il traînait après lui, et arriva à Dam le
second jour et plus vite qu'on ne l'avait espéré. A son arrivée, l'ennemi effrayé s'enfuit de la position d'où il nous avait serrés de près
depuis le lever du soleil. Rendant les rênes à leurs chevaux, le duc de
Bourgogne, le comte Hervey et ceux que la Champagne avait envoyés
se mirent à sa poursuite. Au coucher du soleil, l'ennemi ayant été mis
en fuite, nous en fûmes délivrés par le fils du roi, Louis, et par l'illustre seigneur des Barres, tous deux suivis de plusieurs milliers de
jeunes gens doués d'une force invincible et d'une valeur à toute
épreuve. »

La présence de Pierre Mauclerc et des hommes de la maison de
Dreux à la guerre de Flandre, nous est donc attestée par un fait d'armes éclatant, qui nous prouve à la fois son caractère hardi, entrepre-
nant, et la juste confiance que Philippe-Auguste avait dans son courage. On était à la fin du printemps, et le cours de l'année, dit le
poëte, avait ramené la bienheureuse Pentecôte, dont les joies doivent
être célébrées dans le monde entier par tous les fidèles. Le roi repartit
aussitôt au siége de Gand, puis à Courtrai et à Lille, dont il s'empara
en trois jours, et en confia la défense à Hugues d'Athies, pendant que
s'élevait la citadelle de Darnal. « Parti de Lille, le roi s'empara le qua-
trième jour de la ville de Douai, et l'affranchissant des lois de Ferrand, se l'appropria et la soumit à sa domination. Il l'occupe encore,
et les rois de France qui viendront après lui l'occuperont à jamais,
afin que cette ville n'ait point à s'affliger d'obéir à un roi moins illustre. Ainsi la Flandre se repentit en recevant un juste châtiment du
glaive royal, et reconnut à ses propres dépens qu'il n'est pas permis
d'ouvrir son sein à des traîtres, expiant ainsi les dons que Jean avait
faits à Ferrand. Les hommes de l'armée ayant alors obtenu du roi leur
congé et de justes éloges, furent renvoyés et s'en retournèrent joyeusement chacun dans son pays. »

VI.

L'ANGLETERRE FIEF DE L'EGLISE.

Si les Etats pouvaient encore s'acquérir, et si l'on venait nous annoncer que le pape ou tout autre souverain spirituel ou temporel a acheté publiquement, à la face de toute l'Europe, et en beaux deniers comptants, la principauté de Monaco, la Crimée, la Pologne ou l'Irlande, et qu'il les a acquises moyennant échange ou concession quelconque de privilége, comme cela se passe journellement dans les négociations diplomatiques, nous serions bien obligés de reconnaître en toute justice qu'il en est de droit et de fait le légitime possesseur. Or, l'hommage-lige au moyen-âge, confirmé par un tribut annuel en signe public et authentique d'une véritable sujétion, constituait un contrat non moins sacré que ceux du droit public ou privé. Par la soumission forcée de Jean sans Terre, l'Angleterre appartenait donc à l'Eglise, qui venait d'en acquérir la suzeraineté en échange de la protection sérieuse et efficace qu'elle lui accordait contre l'inévitable conquête de Philippe-Auguste. Ainsi le voulait le droit féodal. Et s'il n'est que trop commun, quoique bien rare encore, de voir les Etats ou leurs chefs se soustraire à leur engagement et violer leurs promesses les plus solennelles, nous savons tous que ces éclatants parjures appellent d'ordinaire des châtiments plus éclatants encore, et que le devoir de l'historien est de les signaler de siècle en siècle au mépris public. C'est l'honneur de la France de n'offrir rien de semblable dans ses annales, et d'avoir toujours eu à sa tête des rois dont la conduite loyale n'avait pas besoin de recourir à d'aussi tristes extrémités. Mais le roi d'Angleterre, depuis l'assassinat d'Arthur, son neveu, se voyait sans cesse poussé à de nouvelles violences, en présence de nouveaux ennemis. Enfin l'unanimité de la France contre lui et les succès rapides de nos armées dans les Flandres, l'avaient frappé de terreur.

Jean sans Terre ayant fait sa soumission au pape, placé son royaume sous sa protection, rappelé les évêques exilés, promis de réparer tous ses torts, Philippe-Auguste n'avait plus de motifs pour envahir la Grande-Bretagne. « Le souverain-pontife, dit Guillaume le Breton, envoyant en Angleterre Pandolphe, son sous-diacre, rétablit comme il put la paix entre le roi Jean et le clergé. Autant les conventions de ce raccommodement furent bien exécutées pour la restitution des propriétés de l'Eglise et du clergé, autant elles furent peu observées pour la réparation des biens qu'on leur avait enlevés (leurs revenus, sans doute, absorbés par les frais de la guerre), quoique le roi se fût engagé par serment à remplir l'une et l'autre de ces conditions. Il se soumit *pour toujours*, lui et son royaume, au pape et à l'Eglise de Rome ; *en sorte que lui et ses successeurs devinrent les vassaux et les hommes-liges de l'Eglise romaine,* et devaient chaque année payer pour hommage, en signe de sujétion, un tribut de mille marcs, en sus des quatre sterlings (seize deniers de Tours) qu'on payait autrefois et qu'on paie encore aujourd'hui sur chaque maison d'Angleterre, et qu'on appelle le denier de saint Pierre. » Guillaume de Nangis n'est pas moins explicite : « Jean, roi d'Angleterre, sachant qu'il était haï de beaucoup de gens (c'est pourquoi il était impossible à ses hommes de n'avoir qu'un cœur et qu'une âme), et voyant sa puissance en danger, fut saisi d'une grande crainte, et voulant apaiser plusieurs personnes qu'il avait offensées, il apaisa d'abord le pape par des présents, ses sujets par la clémence, les prélats et Etienne, archevêque de Cantorbéry, qu'il avait exilés, par la permission de revenir. Ayant obtenu du pape l'absolution, il lui soumit son royaume à titre de fief, se reconnaissant obligé, à raison de ce, de lui payer chaque année mille marcs, sept cents pour l'Angleterre et trois cents pour l'Hibernie. »

Nous insistons sur ce fait, bien qu'il soit étranger à notre histoire, pour montrer que le pouvoir politique des papes s'accrut légitimement par le développement naturel des choses ou par l'ascendant nécessaire que prenait chaque jour leur autorité morale et religieuse. Les peuples, ruinés et opprimés par leurs seigneurs, demandaient à l'Eglise de les protéger, et celle-ci ne pouvait s'y refuser, sous peine de manquer à ses plus saints devoirs et de perdre bientôt tout crédit. On a beaucoup vanté la puissance de l'opinion dans les sociétés modernes; mais elle n'a jamais eu autant d'empire que dans le moyen-âge, où elle régnait et gouvernait d'une manière absolue. Jean sans Terre en est la preuve la plus éclatante. Il avait violé les lois, méprisé la justice, acheté ou vaincu ses barons, exilé ses évêques, dépouillé les églises, opprimé ses sujets, soulevé l'Allemagne entière et résisté à ses ennemis, il avait tout bravé, en un mot, lorsque la réprobation universelle l'obligea de faire au pape une soumission dont il n'y avait point encore et dont il n'y eut jamais d'exemple. Il faut lire, dans Mathieu Pâris, qui ne cache point ses sympathies pour l'Angleterre, la forme et la teneur des deux chartes passées à Douvres, entre Jean et Pandolphe, les 13 et 15 mai (veille de l'Ascension), et dans lesquelles il est dit : « Désormais, nous recevrons et tiendrons lesdites possessions (tout le royaume d'Angleterre et tout le royaume d'Irlande) comme feudataires du pape et de l'Eglise romaine : donation faite en présence du prud'homme Pandolphe, sous-diacre et familier du seigneur pape. En raison de quoi nous avons fait et juré *hommage-lige*, en présence dudit Pandolphe, au seigneur pape Innocent, *à ses successeurs catholiques* et à l'Eglise romaine, selon la forme plus bas mentionnée. Nous ferons cet hommage entre les mains du seigneur pape lui-même si nous le pouvons; *obligeant à perpétuité* nos héritiers et successeurs nés de notre épouse à prêter, sans résistance, serment de fidélité, et à faire hommage, de semblable façon, à l'Eglise romaine et au souverain-pontife qui se trouvera, selon le temps. Pour marque de notre perpétuelle dépendance et soumission, nous voulons et établissons que *sur nos propres et spéciaux revenus* des susdits royaumes, pour tout servage et redevance auxquels nous sommes venus à cause d'eux, l'Eglise romaine reçoive par an mille marcs sterling, outre le denier du bienheureux Pierre; cinq cents marcs à la fête Saint-Michel, cinq cents à Pâques : sur cette somme, il y a sept cents marcs pour l'Angleterre et trois cents marcs pour l'Irlande, etc. » Or, était-ce le pape, n'ayant à son service ni flotte ni armée, aucun moyen de faire la guerre et de soutenir par la force de semblables prétentions, qui pouvait imposer à Jean sans Terre une paix aussi humiliante? Non sans doute, et pour qu'un tel fait se produisît, il fallait bien que la conscience publique exigeât de Jean sans Terre une éclatante réparation en expiation de ses crimes. Innocent III n'est ici que le représentant, l'arbitre et le justicier de l'Europe.

« Pandolphe ayant obtenu les chartes susdites, repassa en France, emportant avec lui huit mille livres sterling qu'il devait remettre à l'archevêque, aux évêques et aux moines de Cantorbéry et *à tous les autres exilés*, à cause de l'interdit, à compter sur la restitution qui leur serait faite. Comme ils agréèrent la teneur des chartes et la forme de la paix conclue, Pandolphe les engagea fort à rentrer pacifiquement en Angleterre, où ils recevraient pleine et entière restitution. Ensuite il s'adressa au roi de France, qui était sur le point d'entrer à main armée en Angleterre, et l'exhorta instamment à se désister de son entreprise et à rentrer paisiblement dans ses Etats. *Il ne pouvait plus,* disait Pandolphe, *sans offenser le Souverain-Pontife, s'attaquer à l'Angleterre et à son roi,* puisque ce dernier était prêt à donner satisfaction à Dieu, à la sainte Eglise et à ses prêtres, et à obéir aux ordres *canoniques* du seigneur pape. A ces paroles, le roi de France se mit en colère et dit qu'il avait déjà dépensé plus de soixante mille livres à s'approvisionner de navires, de vivres et d'armes, et qu'il s'était engagé dans cette affaire *sur l'ordre du seigneur pape,* et au nom de la rémission de ses péchés. Aussi, pour dire la vérité, le roi de France n'aurait-il tenu aucun compte des suggestions de Pandolphe, si le comte de Flandre n'avait refusé de le suivre. » Philippe-Auguste fut donc obligé de renoncer à son entreprise et de tourner ses armes contre Ferrand qui avait attendu, pour se prononcer, l'arrivée du légat. « Le comte de Flandre, dit l'historien anglais, qui redoutait fort l'attaque du roi de France, envoya un prompt message au roi d'Angleterre, pour lui annoncer ce qui avait eu lieu à son sujet, et pour lui demander avec instance qu'il daignât lui envoyer des secours. A cette nouvelle, le roi d'Angleterre s'occupa d'envoyer des renforts audit comte. Il choisit Guillaume, comte de Salisbury, son frère; Guillaume, comte de Hollande; Regnault, comte de Boulogne; tous trois guerriers d'élite. Il leur donna cinq cents vaisseaux, sept cents chevaliers et une suite nombreuse de cavaliers et de fantassins. Cette flotte, après une heureuse navigation, arriva en Flandre et se présenta devant le port de l'Ecluse. Les Anglais s'étonnèrent fort, en y trouvant une grande quantité de vaisseaux et restèrent stupéfaits : bientôt, sur le rapport de leurs espions, ils apprirent que c'était la flotte du roi de France, qu'elle venait d'arriver, et qu'à l'exception d'un petit nombre de marins, elle était dégarnie de tous ceux qui devaient la garder; car les chevaliers français, à qui la défense de la flotte avait été confiée, étaient descendus à terre pour porter le ravage dans le pays du comte de Flandre. Lorsque les chefs de la flotte anglaise eurent reçu cet avis, ils s'armèrent sur-le-champ...., etc. »

Tel est, d'après Mathieu Pâris, le récit de la destruction de notre flotte dans le port de Dam. S'il est véritable, et rien ne s'y oppose en effet, il faut admettre que pendant les dix jours qui séparent l'Ascension de la Pentecôte, Pandolphe, légat du Saint-Siége, eut le temps de venir en France contraindre Philippe-Auguste à renoncer à son projet d'invasion, et le comte de Flandre, dépouillé de Cassel et de Bruges, celui de faire demander des secours à son allié Jean sans Terre, qui les lui envoya avec d'autant plus d'empressement qu'ayant mis sa couronne sous le bail du pape, il se trouvait à l'abri de tout danger du côté de la France et gardait, malgré cela, la liberté de guerroyer contre elle et de prêter main forte à ses ennemis. Cette situation s'accordait bien avec la duplicité de sa conduite, et dans le péril extrême où ses crimes l'avaient conduit, c'était la seule qu'il pût embrasser pour sauver son royaume d'une invasion imminente et d'une conquête inévitable. S'il ne s'était point donné à l'Eglise, il eût été contraint de se donner à la France, et l'on peut dire que dans l'intérêt général de l'Europe, la conduite d'Innocent III, en cette occurence, fut doublement politique Elle sauva l'Angleterre de la conquête et la France d'un nouveau sujet de luttes incessantes.

« Lorsque le roi d'Angleterre, dit Mathieu Pâris, eut appris, par un message, ce qui s'était passé en Flandre, il en fut très-joyeux et surtout fort rassuré, parce qu'il sentit que l'expédition du roi de France se trouvait différée pour un temps. Alors il licencia les seigneurs et toute la multitude de gens de guerre qu'il avait rassemblée sur les côtes pour la défense de la patrie, et permit à chacun de retourner chez soi. *Puis il fit passer une grande somme d'argent à ses chevaliers qui se trouvaient en Flandre*, leur promettant les secours de l'empereur, afin qu'ils entrassent à main armée sur les terres du roi de France, et qu'ils s'y livrassent à l'incendie et aux ravages. Le roi lui-même réunit une nombreuse armée à Portsmouth, pour passer en Poitou. Ainsi, il se proposait d'attaquer le roi et le royaume de France à l'occident, tandis que ceux qui étaient en Flandre y entreraient à l'orient. Tous leurs efforts devaient tendre à faire rentrer les terres perdues sous la domination de leur ancien seigneur. Mais il en arriva autrement que le roi Jean l'espérait ; car les seigneurs d'Angleterre refusèrent de le suivre avant qu'il eût été absous de la sentence d'excommunication. » En présence de ce fait, on ne peut nier que la sentence d'excommunication ne tirât sa plus grande force de l'opinion publique, et que les seigneurs eux-mêmes ne conspirassent en quelque sorte avec le Pape pour étendre son autorité et le faire l'arbitre de leurs fréquents débats. Jean sans Terre fut obligé de rappeler tous les évêques en exil, après quoi « il envoya des lettres à tous les vicomtes du royaume d'Angleterre, leur ordonnant de prendre, dans chacune des villes de leur domaine, quatre loyaux hommes avec le prévôt, et de leur donner rendez-vous à St-Albans pour la veille des nones d'août, afin de faire une enquête sur les dommages et pertes éprouvés par chacun des évêques. Le roi Jean se rendit ensuite en toute hâte à Portsmouth pour passer de là en Poitou ; il confia le gouvernement de l'Angleterre à Geoffroi, fils de Pierre, et à l'évêque de Winchester. Bientôt une grande foule de chevaliers vinrent trouver le roi et se plaignirent du long séjour qu'ils avaient fait dans ce lieu, et pendant lequel ils avaient dépensé tout leur argent ; d'où il résultait qu'ils ne pouvaient le suivre en Poitou, s'il ne leur fournissait sur le fisc les sommes nécessaires. Le roi Jean refusa plein de colère et s'embarqua avec ses vaisseaux particuliers. Au bout de trois jours, il aborda à l'île de Jersey ; mais comme les seigneurs retournèrent chez eux, et que le roi se vit abandonné, il fut contraint de revenir en Angleterre. »

Irrité de cet abandon qui retardait jusqu'au printemps son passage sur le continent, Jean sans Terre leva une nouvelle armée pour faire la guerre à ses barons. Mais l'archevêque de Cantorbéry l'obligea de renoncer à ce projet, en le menaçant d'une nouvelle excommunication. « Le huitième jour avant les calendes de septembre, Etienne, archevêque de Cantorbéry, ainsi que les évêques, abbés, prieurs, doyens et barons du royaume se réunirent dans la ville de Londres à St-Paul, » et ayant lu la charte de Henri Ier, ils jurèrent tous de combattre jusqu'à la mort pour la faire observer. Mathieu Pâris rapporte vers le même temps le récit d'une ambassade envoyée par Jean sans Terre au chef des Sarrasins, pour lui offrir son royaume que celui-ci refusa avec dédain. Mais le fait suivant est plus étrange encore et montre bien à quel degré d'exaltation se trouvait alors le patriotisme français, et combien était vif le sentiment des périls que les guerres du Midi faisaient courir à la France. Possédé par l'ennemi du genre humain, un enfant, véritablement enfant pour son âge, *et d'une naissance tout à fait obscure*, se mit à parcourir les villes et les châteaux du royaume de France, comme s'il eût été inspiré de Dieu ; il chantait en mesure dans le langage français : « Seigneur Jésus-Christ, rends-nous ta sainte croix ! » et il ajoutait plusieurs autres invocations. Lorsque les autres enfants de son âge le voyaient et l'entendaient, ils le suivaient en foule. On eût dit que les prestiges du diable leur faisaient perdre la tête ; ils abandonnaient pères, mères, nourrices et amis, et se mettaient à chanter la même chose, et sur le même ton que leur chef. On ne pouvait les garder sous clef (ce qui est étonnant à dire), et les prières de leurs parents n'avaient aucun effet sur eux ; rien ne réussit à les empêcher de suivre leur guide vers la Méditerranée, comme pour la traverser ; ils s'avançaient processionnellement en chantant et en modulant leur refrain ; aucune ville ne pouvait les contenir tant ils étaient nombreux. » — Il y eut un moment, pendant la révolution, où la patrie fut en danger, et où le même phénomène faillit se reproduire. Il ne manqua que l'unanimité des opinions, des volontés, des croyances pour enflammer l'enthousiasme public d'une pareille ardeur. On voit par là que ce récit, malgré sa singularité, n'a rien d'invraisemblable, et que si la crise de l'an 1213 à 1214 fut suprême, elle trouva partout, dans les barons, dans le clergé, dans le peuple, de chaleureux échos. L'Église et ses hommes combattaient dans le Midi pour la religion et la France ; la noblesse marchait avec le fils du roi dans l'Ouest, contre l'Angleterre ; et les communes, commandées par Philippe-Auguste, reculaient nos frontières du Nord. Toutes les forces de la patrie étaient sur pied, et toutes, rivalisant de zèle, inspiraient même aux enfants leur courageuse ardeur.

VII.

ROBERT GATE-BLED PRIS PAR LES ANGLAIS.

Nous venons de voir toute la France enflammée du saint amour de la patrie se soulever comme un seul homme contre ses innombrables ennemis et faire passer jusqu'aux enfants l'ardeur patriotique qui la dévore. Ce dernier épisode est significatif et répond aux déclamations des libres-penseurs contre la guerre des Albigeois, qui fut vraiment nationale dans toute la force du terme, c'est-à-dire commandée ou plutôt imposée aux seigneurs ecclésiastiques et laïques par l'opinion ou la volonté générale. Non content de soudoyer les Flamands et de marcher lui-même contre nous, Jean sans Terre encourageait secrètement les Albigeois et cherchait même un appui chez les Sarrasins.

Nous avions donc à ce moment toute l'Europe armée contre nous, et l'on va voir que les seigneurs, en ces graves circonstances, savaient payer courageusement de leur personne. Car, tandis que le vieux Robert et Jean de Braine, son fils, continuaient à guerroyer dans la Flandre, Robert Gate-Bled, Pierre Mauclerc et leurs hommes aidaient le fils du roi à chasser les Anglais. A peine Philippe-Auguste victorieux venait-il de quitter la Flandre pour revenir à Paris, que le comte de Boulogne et ses alliés, encouragés par Jean sans Terre, rassemblèrent leurs forces un moment dispersées et se préparèrent à de nouveaux combats. La ville de Lille et la plupart des cités du Nord, plutôt vaincues que soumises, ouvrirent leurs portes aux ennemis, et forcèrent le roi à marcher précipitamment contre elles pour les remettre une seconde fois sous sa domination.

Tandis qu'il recommençait avec le même succès que précédemment la campagne de Flandre, Simon de Montfort remportait sur les Albigeois une grande et mémorable victoire qui fut attribuée à un miracle; car avec deux cent soixante chevaliers, cinq cents hommes d'armes à cheval, et à peu près sept cents pèlerins à pied, après avoir entendu la messe et invoqué les grâces du Saint-Esprit, il tua le roi d'Aragon lui-même, et mit en déroute dix-sept mille hommes de son armée, en septembre 1213. « Ledit Simon, ajoute Guillaume de Nangis, quoique très-vaillant dans les combats et très-affairé, assistait cependant chaque jour à la messe et à toutes les heures canoniques. »

Jean sans Terre, de son côté, cherchait à s'emparer de la Bretagne, et renouait ses intrigues dans le Poitou, l'Aquitaine et l'Anjou. La France se trouvait donc en présence de trois ennemis formidables : les hérétiques au Midi, les Anglais à l'Ouest, et les Flamands au Nord. Mais son infatigable activité faisait face à tous les périls. Les prélats combattaient dans l'Albigeois; le fils du roi, entouré d'une jeune et vaillante noblesse, repoussait Jean sans Terre, tandis que Philippe-Auguste en personne conquérait et surveillait la Flandre.

« Le roi d'Angleterre, dit Dom Lobineau, après avoir pris ses mesures pour engager la guerre du côté de la Flandre, s'embarqua à Porsmouth avec la reine, le douzième de février, et aborda peu de jours après à la Rochelle, avec une grande et puissante armée. Il ne jugea pas à propos de s'arrêter à réduire les seigneurs qui estoient dans le parti de Philippe; il leur accorda une trêve pour quelques mois, passa la Loire, se jeta dans l'Anjou, et y prit Beaufort et Angers, d'où il entra dans la Bretagne, et se rendit maître d'Oudan et d'Ancenis. Il avoit dessein de s'emparer aussi de Nantes, qu'il attaqua du côté du bas Poitou, quoique ce soit le costé le plus fort, dans l'espérance qu'il le trouveroit le moins gardé. En effet, le duc (Pierre Mauclerc), qui estoit à Nantes avec Robert de Dreux (Gate-Bled), son frère, qui lui avoit amené beaucoup de François (du Soissonnais), négligeant le costé de la rivière, qu'il croyoit assez fort, faisoit faire des fossez et des barbacanes aux autres endroits qu'il estimoit les plus faibles, n'épargnant ni les églises, ni les cimetières, ni les maisons des particuliers; renversant et bruslant tout ce qui se trouvait dans ses alignements, sans se mettre en peine des oppositions, ni de l'évesque dont il occupoit les fonds, ni des religieuses du Roncerai d'Angers, dont il détruisoit les réguliers, ni des particuliers dont il ruinait la fortune. Aussi les ecclésiastiques et les habitants de Nantes firent-ils de ces violences et usurpations prétendues un des principaux sujets du procez qu'ils eurent dans la suite contre le duc, faisant monter le dommage des particuliers à deux mille cinq cent livres, et celui de l'évesque à deux cents, comme on le dira dans la suite. » C'est ce que nous appellerions aujourd'hui une expropriation pour cause d'utilité publique.

« Les travaux qui occupoient une partie de la garnison et des habitants, pensèrent estre cause de la perte de la ville. Cependant le duc aïant sceu qu'elle estoit attaquée de l'austre costé, y accourut; et sans donner aux Anglois le temps de les venir insulter, sortit au devant d'eux en bon ordre avec les François et les Bretons, et les chargea avec tant de vigueur, qu'ils furent bientost contraints de lascher pied. Le duc se contenta de les voir en fuite, et ramena ses troupes dans la ville. Robert de Dreux, son frère, moins prudent que lui, se laissant emporter à son courage, les poursuivit l'épée à la main, et en tua un très grand nombre, mais s'estant trop avancé, il fut pris par les ennemis avec dix autres chevaliers, ce qui fut le seul avantage que les Anglais remportèrent de l'attaque de Nantes. » Ce récit, plus détaillé que les précédents, nous montre les deux frères, l'un à la tête des Français qu'il avait amenés sans doute amenés de Dreux et de Braine: l'autre, à la tête de ses Bretons, occupés à défendre et à protéger le pays contre les tentations de Jean sans Terre. « Celui-ci (partant de Nantes), se présenta le vendredi avant la Pentecoste avec son armée à Mervent, place forte qui appartenait à Geffroi de Lusignan, et la prit d'assaut le lendemain contre son attente. Le jour de la Pentecoste il assiegea Novant, autre chasteau du mesme Geffroi, où il s'estoit renfermé avec ses deux fils, le battit pendant trois jours avec des perriers, et alloit s'en rendre maistre de vive force, si le comte de Lamarche, qui arriva sur ces entrefaites, n'eust ménagé une capitulation. »

« Pendant que le roi d'Angleterre estoit encore là, il apprit que Louis, fils du roi Philippe, assiégeoit Moncontour, place qui appartenoit à Geffroi. Aussitost il alla au secours. De là à Partenai, où les comtes de la Marche et d'Eu, et le seigneur de Luzignan l'estant venus trouver le jour de la Trinité, lui firent hommage et se réconcilièrent avec lui. Le roi d'Angleterre, pour les attacher plus fortement à ses intérêts, promit de donner sa fille Jeanne en mariage au fils du comte de la Marche. » Ainsi le comte de Lusignan, entre deux ennemis également redoutables, ne savait auquel entendre. A l'exemple du vicomte de Thouars, il se donnait tantôt à l'un, et tantôt à l'autre.

« Après avoir regagné ces seigneurs, Jean sans Terre estoit en estat de pousser ses conquestes plus loin, si Philippe, après avoir mis de bonnes garnisons dans les villes les plus proches des frontières de Flandre, ne fust venu interrompre le cours de ses prospéritez. Il se hasta de se rendre à Londres, pour couper au roi Jean le chemin de la Rochelle; mais au seul bruit de son arrivée il s'estoit déjà approché de Bourdeaux en diligence. Philippe fist le dégast dans le Poitou, ravagea tous les environs de Thouars, de Cholet, de Bercelle et de Viète, et poussa jusqu'à Chateau-Roux. Mais les nouvelles de la marche de l'empereur Othon ne lui permettant pas de demeurer longtemps dans cette province, il y laissa Louis avec dix-huit cents chevaliers, et prit le chemin de Flandre.

« A peine eut-il quitté le Poitou que l'Anglois rassembla toutes ses forces et vint ravager la partie d'Anjou qu'il n'avoit pas encore conquise. Après avoir porté le désordre et le carnage partout jusqu'à Craon, il retourna sur ses pas, et assiéga la Roche au Moine, petite place sur le bord de la Loire, au-dessus de Savenières, qui avoit esté bastie depuis peu par Guillaume des Roches, sénéchal d'Anjou, pour assurer le chemin d'Angers à Nantes contre les courses de la garnison de Rochefort, chasteau basti de l'autre costé de la Loire, qui appartenoit à Païen, seigneur du parti des Anglois. Louis qui avoit esté joint par le duc de Bretagne (Pierre Mauclerc) et les chevaliers bretons qu'il lui avait amenés, vint au secours de la Roche au Moine avec sept mille fantassins et deux mille chevaliers, et son armée fut bientôt grossie de quatre mille hommes, que Guillaume des Roches et Amauri de Craon, son gendre, lui amenerent de Sabbé, de Moliberne, de Candé, de Segré, de Brie, de Beaugé, du Lude, de Duretal et de Saumur. »

Les deux armées restèrent plus de trois semaines en présence sans que le roi d'Angleterre voulut livrer bataille ni quitter le siége de la place. Enfin, le vicomte de Thouars l'ayant abandonné, Jean laissa ses troupes au fort de la mêlée, monta sur un bateau, passa la Loire et s'enfuit précipitamment. « Louis, profitant de sa victoire, entra dans le Poitou, ravagea tout le païs de Thoüars, revint à Angers, abatit les fortifications que le roi d'Angleterre y avoit fait construire, et mit tout le pays sous l'obéissance de son père. »

Nous allons maintenant confirmer et résumer ce qui précède, en reproduisant le récit poétique de la Philippide : « Le roi des Anglais voyant les flots de la mer abaissés, à la suite des frimats de l'hiver, rassemble ses troupes et ses milliers d'hommes de race anglaise ; et après avoir fait préparer sa flotte, les transporta avec lui, à travers la mer rapidement sillonnée par ses voiles, sur le rivage de la Rochelle. Tandis que le comte de Boulogne, Hugues Salisbury, le comte de Flandre, et les autres auxquels il paie des subsides, iront harceler de leurs armes perfides le roi des Français, sans entreprendre toutefois d'en venir aux mains avec lui, et seulement afin de prolonger indéfiniment les ennuis de la guerre, le roi des Anglais se prépare à porter lui-même ses armes dans des contrées lointaines, où les Français ne puissent arriver facilement, comme s'il ignorait que les rois ont les bras longs, et comme si Philippe ne pouvait envoyer des secours en ces lieux, ou s'y rendre lui-même.

« Aussitôt les comtes d'Eu et de la Manche, et les autres barons que nourrit cette noble terre, toujours inconstante dans sa foi, mais toujours belliqueuse, rendent à Jean leur bienveillance, avec leur légèreté accoutumée. Tous s'étant donc mis en marche avec lui, Jean va assiéger et investir tout à coup de ses bannières la ville de Nantes. Mais ni les fils de Robert, savoir Pierre, duc des Bretons, et son frère Robert (tous deux fils de Robert II, comte de Dreux), ni ces Français au cœur farouche que la France, riche en chevaliers, avait envoyés en ces lieux, ni les hommes remplis de courage que la Bretagne a vus naître, ne prennent soin de fermer même légèrement les dernières barrières ; ils tirent leurs glaives, et sortent de la ville pour marcher à la rencontre des ennemis et livrer hardiment la bataille. Alors les autres prennent la fuite, ne voulant point se confier aux chances incertaines de la guerre, et Jean, aimant mieux faire reculer à pas lents son armée, médite en son cœur par quels artifices il pourra triompher de ces hommes, voyant bien qu'il ne pourrait les vaincre en combattant franchement, et la fraude qu'il imagine ne manque pas de succès.

« Pierre (le duc de Bretagne), ayant vu les ennemis se retirer ainsi, et jugeant qu'il ne serait pas sûr de poursuivre tant de milliers d'hommes avec un petit nombre de combattants, rallie son armée et la ramène dans l'enceinte de la ville, pensant que ce n'est pas un mince avantage d'avoir effrayé les ennemis au point de les faire fuir au loin, frappés de terreur et renonçant à leur siége, non sans avoir perdu en outre et des bagages et des hommes.

« Mais Robert (Gate-Bled) ne voulut pas s'en retourner sans gloire, et poursuivit imprudemment les fuyards plus loin qu'il n'eût fallu, et jusqu'à ce qu'il pût enfin combattre de près. Alors le glaive du seigneur de Dreux se rougit du sang d'un grand nombre de Poitevins, il en envoya beaucoup dans le Tartare, et en laissa beaucoup d'autres gisants sur la terre et presque mourants. Enfin, fatigué d'un si grand carnage, il revenait sur ses pas avec ses compagnons au nombre de dix, que leur brillante valeur eût mis en droit de n'éprouver jamais aucune crainte, s'ils avaient appris à se défendre des embuscades et à se prémunir avec sagesse pour tout événement. Mais, tandis qu'il ne songe à rien qu'à se jeter en avant de sa personne, oubliant la foi toutes les fois qu'il entreprend quelque chose, et ne s'inquiétant nullement d'unir toujours à lui Ulysse et Diomède, l'homme fort tombe dans des piéges imprévus : trop simple et ne sachant user que de sa force, il ne prévoit pas dans un autre la fraude qu'il ne connaît pas en lui-même ; n'ayant jamais su tromper, il ne craint point d'être trompé ; jamais il n'a préparé d'embûches, et ne redoute point les embûches.

« Tout à coup se présentèrent des hommes couverts d'armes brillantes, que le roi des Anglais avait cachés au milieu des broussailles, et qui, tous reposés, élevant des armes contre des hommes fatigués, n'eurent pas beaucoup de peine à les décharger de fers. Bientôt après le roi perfide les envoya dans son royaume d'Angleterre, afin de les tourmenter davantage, en les tenant éloignés de leur patrie.

« Philippe ayant recueilli ces différentes nouvelles, parcourt en toute hâte le Vermandois et le pays de Boulogne, distribue des armes et des guerriers dans les châteaux et dans les villes, afin de mettre les frontières du royaume à l'abri des ennemis du voisinage ; puis, désirant rencontrer Jean, si le sort le permet, il presse sa marche, dépasse Chinon et Loudun, et fait ses dispositions pour séparer de sa flotte le roi fugitif des Anglais. Mais nul homme ne découvre le chemin que suit la couleuvre..... Déjà une fuite rapide avait transporté Jean, rempli d'effroi, vers le territoire de Bordeaux, au-delà de Périgueux. Revenant alors sur ses pas, et livrant aux flammes les campagnes du Poitou, le roi dirige sa marche vers le pays de Flandre... L'incendie se prolongea ainsi jusqu'à ce qu'il fût arrivé à Château-Roux.

« Là, entouré de tous côtés de l'assemblée fidèle de ses grands, le roi leur adressa en peu de mots ce discours amical :

« Mon fils, tu vois comme le sort nous presse de toutes parts. Ici
« sont l'armée du Poitou et les escadrons du roi Jean, là sont le comte
« de Boulogne, Ferrand, Othon, et le frère du roi des Anglais (Guil-
« laume de Salisbury), avec des milliers d'escadrons, nouveaux en-
« nemis que m'a suscités le comte de Boulogne, et qu'il a tous armés
« contre moi. Toi, mon fils, tu demeureras en ces lieux avec des che-
« valiers prélevés sur nos douze cents chevaliers, et moi avec les
« autres, j'irai voir de plus près Othon et l'armée innombrable qui
« s'est rangée sous ses ordres. » Il dit, et le fils rend à son père mille actions de grâces, de ce qu'il lui confie à lui seul le soin de diriger de si grandes affaires, lui fournissant une occasion de déployer sa valeur et d'acquérir à jamais une glorieuse renommée. » On sait comment, après le départ de Philippe-Auguste pour la Flandre, Jean sans Terre vint assiéger la Roche au Moine, et comment il en fut chassé par les forces combinées de Louis et de Mauclerc.

VIII.

L'EMPEREUR D'ALLEMAGNE VEUT PARTAGER LA FRANCE.

Profitant du départ de Philippe-Auguste en Bretagne, au secours de son fils et des fils du vieux Robert, comte de Dreux et de Braine, qu'il espérait délivrer des Anglais, l'empereur Othon, couvrant de ses troupes innombrables comme des nuées de sauterelles, toute la Flandre et les pays du Nord, se préparait à fondre sur la France dans l'espoir de la conquérir et de la partager. Entouré de Brabançons, de Lorrains, de Saxons, de Teutons et de *trois fois trente mille Anglais*, il se flattait sans doute d'un facile triomphe que lui promettait aussi la comtesse Mathilde, selon la prédiction des sorciers dont l'art nous était alors inconnu. Mais nous avions pour nous la bonne cause et le bon droit, cette fois encore nous combattons pour l'Eglise et pour Dieu, qui sait, quand il le veut, disperser et détruire les plus formidables coalitions. Il était temps, cependant, que Philippe-Auguste revînt en Flandre à la tête de son armée et de la vaillante noblesse.

« Déjà le méchant Othon (dit Guillaume le Breton) avait dressé ses tentes sur les bords de l'Escaut ; et Mortagne (du Nord), ne pouvant contenir tant de corps d'armée, les autres établirent leur camp en toute hâte dans des lieux plus éloignés, *couvrant leurs tentes de joncs et de paille*. Les uns se défendaient du soleil et de la pluie seulement avec des branches d'arbres ; les autres s'emparaient des cabanes dans les champs, en en chassant les habitants, disant qu'ils avaient droit pour le moment sur les choses qui ne leur appartenaient pas, et pensant, selon l'usage de la guerre, que tout leur était permis.

« Les frontières de notre royaume furent plus particulièrement frappées de terreur par le beau-père d'Othon, Henri (duc de Brabant), qui venait d'épouser la fille de Philippe-Auguste, à qui le Brabant fournissait mille escadrons et plus, le Brabant dont le peuple est cruel dans les combats et accoutumé au maniement des armes, autant que tout autre peuple du monde. » (Leur réputation guerrière datait de l'époque romaine dont ils conservaient les traditions militaires, et, s'engageant au service de qui les payait, rendaient fameux le nom de *Brabançons*).

« D'un autre côté, le duc de Lorraine (Thibaut) animait à la guerre ses Lorrains, pleins de fourberie, qui déploient leurs bannières dans les airs, et qui, ayant toujours à la bouche le langage d'hommes simples, sont loin cependant de se montrer dans leur conduite également dépourvus de finesse.

« Le duc de Limbourg (Henri III) conduit aussi un corps de troupes, formé de gens des Ardennes, et cependant son fils même, Galerand, n'a point consenti, comme son père, à se déclarer pour le parti d'Othon.

« Les Saxons furieux marchent avec leur duc (Albert), et prennent les armes d'autant plus volontiers, qu'Othon lui-même a été autrefois leur compatriote et était uni à eux par le même sang.

« Dortmund aussi envoya le comte Conrad, aux ordres duquel obéissent les enfants du pays de Westphalie et des contrées que la Roer arrose de ses eaux poissonneuses; et toi aussi, Gérard, tu te réjouis de quitter Randeradt ta patrie, pour aller à la guerre éprouver les rigueurs des armes françaises.

« Le comte Othon vint pareillement du Tecklenbourg; et le pays d'Utrecht envoya aussi au secours d'Othon ce comte que les Teutons ont appelé le Velu. Philippe (de Courtenai), comte de Namur, encore à la fleur de son âge et parent du roi, portait cependant les armes contre lui, quoique Pierre, son père, depuis longtemps comte d'Auxerre et de Nevers, tînt pour le parti du roi.

« A toi, comte de Boulogne, demeura étroitement uni à Hugues, qui était né pour commander au château de Boves ; mais il aima mieux se faire l'ennemi du roi et vivre dans l'exil, que jouir d'une douce paix et se soumettre au roi.

« Le frère du roi des Anglais, aux ordres duquel le pays de Salisbury se soumet avec joie, amène aussi à l'armée *trois fois trente mille hommes* de la nation anglaise; et toi, comte de Boulogne, te confiant en ces forces et te reposant sous leur ombre, tu oses promettre à Othon une victoire dont il est indigne.

« Qui pourrait compter la force du bataillon de la ville d'Ypres et énumérer les milliers de compagnies que vomit la ville de Gand en ouvrant ses portes? Qui pourrait dire combien de troupes envoyèrent le Belge et les Blavotins furieux, et la ville de Lille, et les terribles Isengrins, combien de milliers d'hommes couvrirent les campagnes, armés et envoyés par Bruges et par Audenarde, qui s'était associée à Courtrai, sa voisine, pareille en forces, et vouée à la même foi; combien d'escadrons de cavaliers la Flandre souleva dans ses villes et dans ses campagnes pour les armer contre le roi?

« Ces hommes et beaucoup d'autres encore, qu'il serait trop ennuyeux d'énumérer, la Flandre les fournit au comte Ferrand *comme auxiliaires* (sans doute en plus de ce qu'elle devait au service de l'ost), afin qu'il paraisse pouvoir à lui seul et en toute sécurité (sans alliés), se mesurer avec le roi et les siens, car ses forces surpassent de plusieurs milliers d'hommes les forces du roi.

« Cependant la vieille comtesse (Mathilde, veuve de Philippe d'Alsace, comte de Flandre, dont Philippe-Auguste avait élevé les deux filles), désirant, selon l'habitude des habitants de l'Espagne (elle était fille du roi de Portugal), être instruite des choses de l'avenir, consulta les sorciers qui pratiquent un art *qui nous est inconnu*. S'étant donc fait tirer le sort, elle mérita d'être séduite par cette réponse problématique : « Le roi, renversé de cheval par une grande troupe de
« jeunes gens, sera écrasé sous les pieds des chevaux, et il ne lui ar-
« rivera point d'être inhumé; à la suite de la bataille, le comte, traîné
« sur un char, au milieu de bruyants applaudissements, sera reçu à
« Paris par les citoyens. » Après cette réponse, Ferrand, rendu plus audacieux, invoque la guerre avec une nouvelle fureur.

« Othon tint ensuite une conférence secrète avec le comte Ferrand et le comte de Boulogne, leur révéla ses espérances, et admit aussi les chefs les plus considérables à entendre son discours. (L'usage, ou plutôt la nécessité de consulter les principaux barons était général, comme on le voit, aussi bien en France et en Angleterre qu'en Allemagne) :

« Si le roi des Français seulement n'était pas présent, nous pour-
« rions nous estimer en sécurité contre tout autre ennemi de ce
« monde, et soumettre à nos glaives l'univers tout entier. Mais lui
« seul prenant parti contre nous et ayant presque toujours défendu
« la cause du clergé comme sa propre cause, le pape ose par suite
« nous frapper d'anathème. Se portant pour l'ami du roi de Sicile
« (dont Othon avait envahi les terres), il ose diriger ses forces contre
« notre empire, et ne craint pas de déshériter le roi Jean lui-même,
« qui, dans son extrême générosité, fait pleuvoir sur nous ses richesses
« et ses dons. C'est donc contre celui-là seul qu'il convient que nous
« dirigions tous nos efforts; c'est lui qu'il faut tuer le premier de tous.
« Aussitôt qu'il sera mort, vous pourrez à votre gré enchaîner tous
« les autres, soumettre le royaume à notre joug et le partager de telle
« sorte, que toi, Renaud, tu t'empares de Péronne et de tout le Ver-

« mandois ; toi, Ferrand, nous te concédions Paris ; que Hugues (de
« Boves) s'empare de Beauvais ; *que le héros de Salisbury prenne*
« *Dreux ;* que Gérard prenne Château-Landon et le Gâtinais ; que
« Conrad possède Mantes avec le Vexin ; que les autres grands prennent
« chacun ce qui lui conviendra, et que nul ne s'en aille sans avoir reçu
« un don de moi. Je veux en outre que la ville de Sens et le fertile
« territoire depuis l'Yonne jusqu'à l'embouchure du Loing, soient
« livrés au comte Hervey pour être possédés par lui, puisque déjà
« notre oncle les lui a concédés par avance.

« Quant aux hommes du clergé et aux moines, que Philippe exalte
« tellement, qu'il aime, protége et défend de toute la vivacité de son
« cœur, il faut ou que nous les mettions à mort, ou que nous les dé-
« portions, de telle sorte qu'ils ne soient plus qu'un petit nombre et
« qu'ils ne vivent plus que du petit produit des offrandes ; que les
« chevaliers, *ceux qui prennent soin des affaires publiques*, et
« qui, soit en combattant, soit dans la paix, *assurent le repos du*
« *peuple et du clergé,* possèdent les campagnes et reçoivent de larges
« dîmes...

« Maintenant, nous n'avons pas même le temps de nous arrêter à
« tenir conseil. Voici : le chef des enfants de la France a laissé derrière
« lui le pont de Bovines. Aujourd'hui même il établira son camp sous
« les murs de Tournai, près des eaux du fleuve de l'Escaut (Othon
« était à Mortagne, à six milles de Tournai) ; et quoique ceux qui
« portent les armes pour lui fussent à peine *le tiers de notre cheva-*
« *lerie ,* voilà, ils viennent à nous pour nous attaquer, ils n'atten-
« dent pas que nous marchions sur eux. Qu'ils viennent donc, afin
« que nous leur apprenions quelle est la fureur des Teutons dans les
« combats, et que ce Parisien ne rougisse pas d'être instruit par le
« Saxon. »

« Il dit, et tous les grands lui promettent d'une voix unanime qu'il
en sera ainsi qu'il l'espère. Et afin que chacun puisse mieux se pré-
server de tout péril et distinguer par un signe certain son compagnon
de son ennemi, chacun place aussitôt une croix sur son dos et sur sa
poitrine, et en même temps les mains des hommes de pied et du moin-
dre servant d'armes se chargent de petites cordes, de lacets et de liens
de toute espèce, afin de pouvoir plus facilement enchaîner les Français, qu'ils tiennent déjà pour vaincus, et qu'ils espèrent pouvoir ga-
rotter dès la première rencontre. Le roi, en effet, acquit la certitude
de tous ces détails par un certain religieux d'une fidélité non dou-
teuse, envoyé en secret dans son camp par le duc de Louvain la nuit
même qui précéda le jour de la bataille. »

D'après ces croix, dont les ennemis se couvrirent la poitrine et le
dos, nous serions tentés de croire que l'empereur Othon fit appel à
leurs sentiments religieux, comme nous voyons de nos jours l'empereur de Russie soulever tout le nord de l'Europe contre l'Occident, en
se servant des mêmes moyens pour enflammer l'enthousiasme de ses
peuples. Dans cette hypothèse, ce serait là en quelque sorte l'origine
des antipathies de l'Allemagne contre l'Eglise de Rome, et la preuve
que l'esprit féodal, si habilement exploité plus tard par Luther, fut
toujours plus vivace que chez nous. On en trouve de nombreuses mar-
ques dans la politique d'Othon et dans la suite du discours que Guillaume le Breton lui fait tenir. Quant au projet de partager la France,
il est moins chimérique qu'on pourrait le supposer, et l'exemple encore récent de la conquête de l'Angleterre par les Normands devait le

faire aisément accepter. Jaloux de prouver sa véracité, le chroniqueur Guillaume le Breton ajoute à ce propos dans son histoire en prose : « Ce que je viens de dire sur leurs trahisons et leurs projets audacieux fut rapporté au roi, après la victoire, par des narrateurs véridiques qui avaient eux-mêmes assisté à ce conseil (de l'empereur Othon et de ses grands barons), car à Dieu ne plaise que nous racontions, *même de nos ennemis*, des choses que démentirait notre conscience. Nous ne disons absolument que ce que nous savons et ce que nous croyons vrai. » Si cette protestation de sincérité n'eût été qu'une formule oratoire ou une figure de rhétorique, comme on en rencontre souvent chez nos historiens modernes, elle eût, sans contredit, à cette époque, soulevé l'indignation des lecteurs. Le chroniqueur croit de bonne foi tout ce qu'il dit, et ses opinions, vraies ou fausses, peuvent être regardées comme l'expression exacte des sentiments de ses contemporains.

Vaincre ou mourir, telle était donc alors la nécessité de la France, attaquée au midi par les Albigeois et par tous ceux qui embrassaient l'hérésie pour mieux nous harceler sans relâche ; à l'ouest par Jean sans Terre et ses troupes soldées et innombrables ; au nord enfin par une multitude de barbares venus des contrées les plus lointaines à l'appel de l'empereur Othon. Mais toujours noble et généreuse, c'était moins encore sa propre cause qu'elle embrassait avec ardeur que celle de l'Église et du pape, et ce glorieux dévouement aux intérêts généraux de la civilisation devait contraindre les vaincus eux-mêmes à confesser sa grandeur et sa puissance. Qu'avait-elle à opposer aux cent cinquante mille hommes de l'Allemagne ?

« Parmi les Français, dit le poëte chroniqueur, l'un des premiers était le seigneur des Barres, qui, par sa vaillance, tenait à lui seul la place d'un grand nombre d'autres, et avec lui étaient encore Gérard Scropha et Pierre de Mauvoisin, qui tenait ferme comme la pierre, de fait aussi bien que de nom. Je ne vous oublierai point, toi, Gui des Roches, ni toi non plus, Galon de Montigny, toi, dont le courage est inébranlable autant qu'une montagne, et qui portais en ce jour la bannière royale. Hugues de Mareuil et son frère Jean ; Pierre, seigneur du pays de Rumigny, marchant avec deux cents chevaliers tout au plus, tels que les produit la terre de Champagne, animés d'un même esprit, formaient ensemble une seule troupe.

« Les hommes illustres que tu as amenés avec toi de Montmorency, ô Mathieu, le comte Jean de Beaumont, Étienne, qui tire de Sancerre son surnom et son origine, homme illustre et qui se tient pour le second après le roi *par l'élévation de sa naissance*, Michel, seigneur des Harnes, et Hugues Malaune, se groupent en un seul corps, à la suite des Champenois.

« Suivi de son fils (Jean de Braine, plus tard comte de Mâcon ; les deux autres, Gâte-Bled et Mauclerc, étant avec le fils du roi Louis en Bretagne), le vieux ROBERT conduit autant de chevaliers qu'il a pu en rassembler (dans le Soissonnais) contre les Anglais, qui retenaient l'un de ses fils dans une dure captivité. Il est accompagné par l'évêque de Beauvais, son frère (né comme lui à Braine), tous deux issus de la race royale ; avec eux sont encore l'évêque de Laon (Robert de Châtillon) et Gaucher, qui naguère s'honorait du nom de comte de Châtillon, et est décoré maintenant de celui de Saint-Paul, chevalier aussi célèbre que tout autre dans le maniement des armes. »

« Les gens du Ponthieu suivent à la guerre leur comte, d'une naissance illustre par ses aïeux; il tient encore à une race d'un sang beaucoup plus illustre par sa femme, sœur de l'auguste roi Philippe (fiancée autrefois à Richard, qui lui préféra Bérangère, fille du roi de Navarre).

« Thomas, noble héritier de Saint-Valery, conduit à la guerre cinquante chevaliers et deux mille servants d'armes.

« Jean, vigoureux comme un chêne, et son frère Thomas, sont dans la compagnie du roi et demeurent constamment à ses côtés; avec eux sont encore Étienne, seigneur de Longchamp, et les soixante et dix chevaliers qu'a envoyés la terre de Neustrie, la Neustrie fidèle sans doute, et même très-fidèle au roi, *si elle savait mieux réprimer les écarts de sa langue déchaînée contre lui.* (Cet esprit frondeur de la Neustrie est très-curieux à remarquer.)

« Au milieu d'un grand tumulte, Eudes de Bourgogne conduit à l'armée les vaillants guerriers que sait produire la terre de Bourgogne, richement dotée par la nature. Transporté de la passion de la guerre, le duc de Bourgogne aborde le roi en lui adressant ces quelques mots :
« Cette fois du moins nous travaillerons jusqu'à ce que nous ayons
« atteint les ennemis; car quoiqu'il soit pénible de quitter si souvent
« sa patrie, nous sommes encore plus fâchés d'y retourner sans avoir
« combattu. »

« Muse, pourquoi taisons-nous les noms du jeune Gautier (de Nemours), de Barthélemy (de Roye), de Guillaume (de Garlande)? Est-ce parce qu'ils demeurent toujours auprès du roi, en paix aussi bien que dans la guerre, et parce qu'il est rare que le roi aille sans eux en quelque lieu que ce soit? Ce que tout le monde sait, à quoi bon le redire. Ces hommes sont plus assidus que les autres auprès du roi, et l'assistent sans cesse de leurs conseils et de leurs guerriers, autant qu'il est donné à chacun de pouvoir en entretenir à ses frais. »

Tels sont les chefs, ou, comme nous dirions aujourd'hui, les généraux qui commandaient les différents corps de troupes, levés sur leurs domaines, placés sous leurs ordres, et auxquels se joignaient sans doute, selon leurs différents pays, les hommes des communes, combattant à part, pour leur propre compte, mais obéissant nécessairement aux volontés du roi, transmises par ses fidèles barons. La plupart des historiens font monter l'armée impériale à cent cinquante mille hommes, dont cent trente mille hommes d'infanterie, vingt mille de cavalerie, et l'armée française à moitié environ. Aussi ne voulait-elle engager le combat qu'après avoir choisi son temps et son lieu.

IX.

LES DEUX ARMÉES EN PRÉSENCE.

Dans l'énumération qui précède l'armée française, on voit d'abord figurer la Champagne et le seigneur de Barres, la fleur des chevaliers français, qui en valait beaucoup d'autres, puis Matthieu de Montmorency et les gens de Sancerre, puis enfin, au troisième rang, le vieux Robert de Braine, et son fils Jean, suivis des hommes du Soissonnais, du Laonnois et du Beauvaisis, qui marchent toujours ensemble dans ces guerres incessantes. Après eux viennent le Ponthieu; Saint-Valery et la Neustrie, très-fidèle au roi, *mais qui ne sait pas réprimer les écarts de sa langue.* C'est, comme on le voit, toute la France du Nord qui combat à Bouvines, tandis que celle du Midi, ruinée par les dissensions intestines, lutte contre l'hérésie et l'anarchie. Il est donc naturel et rigoureusement légitime que les hommes du Nord, plus fidèles, plus dévoués, plus étroitement unis à la patrie commune, et plus d'accord entre eux, aient acquis la principale influence, à partir de cette époque, dans la direction des destinées de la France. Pour montrer que le récit du poëte n'a rien d'exagéré, voici maintenant comment s'exprime Guillaume le Breton dans son histoire en prose :

« L'an de l'incarnation du Seigneur 1214, pendant que le roi Jean exerçait ses fureurs dans le pays de l'Anjou, l'empereur Othon, gagné par argent au parti du roi Jean, rassembla une armée dans le comté de Hainaut, dans un village appelé Valenciennes, dans le territoire du comte Ferrand. Le roi Jean envoya vers lui, à ses frais, le comte de Boulogne, le comte de Salisbury, Ferrand lui-même, le duc de Limbourg, le duc de Brabant, dont ledit Othon avait épousé la fille, et beaucoup d'autres grands et comtes d'Allemagne, de Hainaut, de Brabant et de Flandre (qui devaient se partager la France). Dans le même temps, le roi Philippe, quoique son fils eût avec lui, dans le Poitou, la plus grande partie de ses troupes (et entre autres deux fils de la maison de Dreux), rassembla une armée, se mit en marche, le lendemain de la fête de Sainte-Marie-Madeleine, d'un château appelé Péronne, entra de vive force sur le territoire de Ferrand, le traversa en le dévastant à droite et à gauche par des incendies et des ravages, et s'avança ainsi jusqu'à la ville de Tournai, que les Flamands avaient, l'année précédente, prise par fourberie et considérablement endommagée. Mais le roi y ayant envoyé une armée avec le frère Garin et le comte de Saint-Paul, l'avait promptement recouvrée. Othon vint avec son armée vers un château appelé Mortain (ou Mortagne), éloigné de six milles de Tournai, et qui, après que cette ville eut été recouvrée, avait été pris d'assaut et détruit par ladite armée du roi. Le samedi, après la fête de Saint-Jacques, apôtre et martyr du Christ, le roi proposa de les attaquer ; mais les barons l'en dissuadèrent, car ils n'avaient d'autre route pour arriver vers eux, qu'un passage étroit et difficile. Ils changèrent donc de dessein, et résolurent de retourner sur leurs pas et d'envahir les frontières du Hainaut par un chemin plus uni et de ravager entièrement cette terre. »

Ainsi, tandis que Philippe-Auguste marchait de Péronne sur Tournai, l'empereur Othon y arrivait aussi en passant par Mortagne, qui n'en était éloigné que de six milles et où les difficultés du terrain l'obligeaient à faire halte. Voyant son ennemi si rapproché de lui, le roi de France voulait combattre sans retard ; mais les barons l'en dissuadèrent à cause du mauvais état des chemins, et il se rendit d'autant plus volontiers à leurs conseils que quelques-uns d'entre eux manifestaient leur mécontentement, et que, dans d'aussi solennelles conjonctures, il avait besoin de l'unanimité des opinions. « Le duc de Louvain, quoiqu'il fut le beau-père d'Othon et son fidèle, avait tout récemment reçu pour femme la fille du roi, et son messager apprit à celui-ci que le chemin était fort embarrassé d'épaisses plantations de saules, qu'il y avait un marais fangeux dont les joncs pointus et piquants empêchaient de passer à travers les champs de Mortagne, et où les chevaux et les chariots auraient beaucoup de peine à trouver un chemin. Aussitôt le roi change ses résolutions, et ne communique ce changement qu'à un petit nombre de personnes, afin qu'Othon ne puisse se vanter de nouveau de savoir toutes choses. Il dit : « Le chemin

« pourrait être dangereux pour les chariots à quatre roues et pour les
« chevaux, et quel homme de pied voudrait marcher ou combattre
« sans eux ? Loin de nous une telle pensée (d'exposer témérairement
« les hommes de pied) ! Que les Teutons combattent à pied ; vous, en-
« fants de la Gaule, combattez toujours à cheval. Que nos bannières
« reviennent sur leurs pas, passons au-delà de Bouvines, allons gagner
« les plaines de Cambrai, d'où nous pourrons marcher plus facilement
« sur les ennemis. Dieu me garde de revoir les champs de ma nais-
« sance avant que les Français, triomphant sous mes ordres, aient ré-
« futé les paroles d'Othon, *afin que le Parisien donne des leçons au*
« *Saxon*, plutôt que le Saxon se puisse vanter que c'est à lui d'ins-
« truire le Parisien. Et toi, duc Eudes, qui te plains de venir si souvent
« à la guerre, qu'un seul jour mette un terme à tes travaux, par la
« victoire des FRANÇAIS ! » — Il dit, et ayant entendu la messe, ordonne que l'on enlève les tentes, et que l'on retourne vers Bovines dès
la première fraîcheur du matin. » (Ceci se passait dans la nuit du samedi 26 au dimanche 27 juillet 1214).

Eudes, duc de Bourgogne, *transporté de la passion de la guerre*,
comme dit le poëte, et craignant déjà d'être venu de si loin pour rien,
était pressé d'en finir, et beaucoup d'autres à son exemple, plus courageux qu'habiles, voyaient avec impatience les sages mesures de Philippe-Auguste. Ils regrettaient encore la campagne de l'année précédente, qui avait fait échouer leur projet d'invasion en Angleterre, et
redoutaient sans doute de voir celle-ci se terminer d'une manière
analogue. Aussi le roi leur promit-il de ne point revenir en France sans
avoir combattu. Enfin il importe de bien remarquer l'opposition de
race, entre les *Français* et les *Saxons*, que signale le poëte, et qui
était en réalité la principale cause de cette grande et mémorable lutte.
De là les regrets ou les craintes dont je viens de parler, et cet enthousiasme fanatique qui animait les deux camps. Ce n'est pas seulement
l'île de France ni même la couronne de France qui fut victorieuse à
Bouvines, c'est la race franke tout entière, y compris ceux qui, comme
le duc de Bourgogne, ne tenaient pas grand compte de la suzeraineté
du roi. Le vaincu ne fut non plus ni le comte de Flandre, ni l'empereur d'Allemagne, ni même Jean sans Terre avec ses soixante mille
hommes, ce fut la race saxonne elle-même, jusqu'ici tout esprit de conquête
jusque-là triomphant. On voit par là pourquoi cette lutte avait pris
des proportions si formidables, armé tant de monde de part et d'autre,
et pourquoi Philippe-Auguste, en cette affaire, agissait moins comme
roi de France que comme le chef le plus habile et le plus illustre de la
race qu'il représentait. Ainsi s'expliquent sa conduite et les conseils
qu'il ne cesse de prendre, et surtout son discours au moment du
combat, discours étrange, inexplicable dans toutes autres circonstances, mais parfaitement naturel et même nécessaire dans celles où il
était alors. Après la victoire, le roi devint la personnification vivante
de la race franke ou française, et pour ce motif, ses historiens passèrent sous silence tout ce qui rappelait ses divisions antérieures. Ils ne
reconnurent plus en France qu'une seule nation, et voulurent qu'on
n'en connût plus qu'une. L'allocution de Philippe-Auguste n'ayant
plus de sens à leurs yeux, ils la rayèrent, mais non sans en laisser subsister quelques traces, comme on le verra plus loin. Malgré l'autorité
si légitime et si grande du père de notre histoire, nous suivrons donc
sur ce point la logique des faits. Et si l'on révoquait en doute l'opposition de race dont nous venons de parler, nous rappellerions ce pas-

sage de Guillaume le Breton : « Pourquoi, Othon, pourquoi te vanter ainsi ? Pourquoi prétendre vainement *élever les glaives teutons au-dessus des glaives français ?* Jadis la Saxe fut longtemps rougie par les glaives des Français, lorsqu'elle subit un juste châtiment par la vengeance de Charles, qui ne permit pas qu'on laissât subsister un seul enfant mâle dont le corps se trouverait plus long que son glaive. » Il est évident que les causes de rivalités et de luttes remontaient fort loin de part et d'autre, et que c'était une vieille querelle qui allait se vider sur le terrain.

La *Philippide*, contenant beaucoup de détails qui ne se trouvent point dans le récit en prose de Guillaume le Breton, nous puiserons tour à tour à ces deux sources. « A peine le roi, dit le poëte, s'était-il éloigné de la vue de Tournai (dès la première fraîcheur du dimanche matin), que l'espion d'Othon se rendit vers son maître et lui rapporta que Philippe, frappé d'une grande terreur, et tous les Français avec lui, s'en retournaient fuyant vers Péronne. Trompé par cette idée, il trompa de même son seigneur. Celui-ci, concevant en son cœur une vaine joie, saisit aussitôt ses armes, et dans son transport, laisse les portes (de Mortagne) derrière lui : toute son armée sortant en même temps, inonde les campagnes comme une légion de sauterelles. Ni la forêt obstruée par les branches des saules verdoyants, ni le marais tout couvert de joncs et de fondrières cachées, ni la terre toute fangeuse et salie de boue et de glaïeuls, ne peuvent ralentir leur marche.

« Où courez-vous, hommes qui vous jetez ainsi vers la mort ? Votre impétuosité vous servira mal dans le combat. Vous croyez donc que le roi vous tourne le dos et n'osera pas se retourner et courir à votre rencontre ? La seule chose qu'il désire, c'est de pouvoir vous rencontrer et vous livrer bataille dans une plaine bien découverte, et en peu d'instants cette vérité vous sera démontrée par le fait. »

Les historiens qui ont trop légèrement accusé Philippe-Auguste d'imprévoyance à cause de son départ de Tournai, n'ont pas songé à confronter le récit en prose avec le poëme du chroniqueur, où le caractère stratégique de cette contre-marche est mis en évidence et se confirme par l'épisode du frère Garin, chargé d'observer l'ennemi et d'en instruire le roi.

« A la suite de toutes les bannières, Garin s'était mis en marche le dernier. Elu, et non encore consacré dans le siège épiscopal de Senlis, ami particulier du roi, il dirigeait avec lui les affaires les plus difficiles du royaume. Tandis donc que les troupes se portaient en avant, leurs bannières flottant dans les airs, Garin, s'éloignant un peu et secrètement du dernier corps d'armée, se mit à diriger sa marche vers les champs de Mortagne, désirant apprendre quelque nouvelle. Puis, lorsqu'il eut fait quelques milliers de pas, s'avançant toujours vers le midi et suivi d'un petit nombre d'hommes, parmi lesquels était Adam de Melun, il monta sur un tertre que le hasard avait élevé au milieu de la plaine pour porter au loin ses regards. De là, il vit des corps de troupe se répandant avec ardeur dans la plaine ; il lui était même impossible de les embrasser tous ensemble d'un seul coup d'œil, et lorsqu'il eut vu tant de boucliers dont l'éclat le disputait à celui des astres de la nuit, tant de têtes dont les casques répétaient la lumière du soleil, etc., Garin dit à Adam : « Ils viennent, croyant ne pouvoir
« nous atteindre assez vite au gré de leurs désirs ; toi, demeure encore
« sur le haut de cette colline afin de mieux reconnaître et leur nom-

« bre et leurs intentions, tandis que j'irai moi-même rapporter ces
« choses à Philippe qui n'en croirait nul autre que moi. »

Il dit, et vole auprès du roi. A peine celui-ci peut-il croire qu'un homme quelconque ose entreprendre une bataille en ce jour saint que Dieu lui-même a consacré spécialement à lui seul (le dimanche). Le roi cependant suspend sa marche, donne ordre que l'on fasse arrêter les bannières qui se portent en avant, et parle en ces termes à ses amis : « Voici, le Seigneur me donne lui-même ce que je désirais.
« Ceux que naguère nous nous efforcions d'atteindre à travers de
« vastes circuits et les nombreux détours des routes, la miséricorde
« du Seigneur les conduit vers nous. Déjà ils ont mérité d'être frappés
« par le glaive du Père des pères, ayant osé le dépouiller et priver
« l'Eglise de ses biens. Au contraire, l'Eglise est avec nous, elle nous
« assiste de ses prières et nous recommande en tous lieux au Seigneur.
« C'est pourquoi montrez-vous, je vous en prie, les ennemis des en-
« nemis de l'Eglise, que votre combat soit destiné à vaincre, *non pour*
« *moi, mais pour vous* et pour le royaume; que chacun de vous, en
« prenant soin du royaume et du diadème, *prenne garde aussi à ne*
« *pas perdre son propre honneur.* Toutefois, je désire moins vive-
« ment le combat en ce jour sacré, qui ne se verra pas sans horreur
« souillé de sang. »

Il se peut en effet que la solennité du dimanche ait été pour quelque chose dans l'espèce de lenteur ou de retard que Philippe-Auguste apportait à livrer bataille. Mais le caractère général de la lutte nous paraît bien indiqué dans les paroles que Guillaume le Breton prête à son héros. Triomphez, non pour moi, mais pour vous, dit-il, et que chacun prenne garde à son honneur. Les mots de royaume et de diadème, introduits sans doute après coup, ne figurent là qu'en seconde ligne et ne semblent point le sujet principal de l'allocution.

« Il dit, *et les Français*, remplis de joie, proclament par leurs cris qu'ils sont tous prêts à combattre pour l'honneur du royaume et du roi. Tous cependant sont d'avis de se rendre jusqu'à Bovines, pour voir s'il ne plaira pas à l'ennemi de respecter le jour sacré et de différer la bataille jusqu'à ce que le lendemain vienne leur rendre la faculté de combattre. D'ailleurs, cette position sera meilleure pour défendre les bagages et tous les autres effets que l'on transporte à la suite d'un camp, attendu qu'elle n'est ouverte d'aucun côté.

« Tout aussitôt le roi fait élargir le pont, de telle sorte que douze hommes puissent le traverser en marchant à côté l'un de l'autre, et que les chariots à quatre chevaux puissent y passer avec leurs conducteurs.

« Tout près d'une église consacrée sous l'invocation de Pierre, le roi, brûlé par le soleil, se reposait sous l'ombre d'un frêne, non loin du pont, que déjà la majeure partie de l'armée avait franchi, espérant que la bataille serait remise au lendemain, et le soleil, parvenu à sa plus grande hauteur, annonçait le milieu du jour. Tandis que le roi se disposait à goûter quelques instants de repos, un messager rapide, accourant en toute hâte, s'écrie : « Déjà l'ennemi s'est élancé sur le
« dernier corps de l'armée : ni les troupes de la Champagne, ni ceux
« que vous avez envoyé naguère ne suffisent pas à le rejeter en ar-
« rière. »

« Emu de ces paroles, le roi se lève aussitôt, entre dans l'église, et place ses armes sous l'invocation du Seigneur. Bientôt ayant terminé une courte prière, il sort : « Allons, s'écrie-t-il, allons en toute hâte

« porter secours à nos compagnons. Dieu ne s'irritera pas si nous
« prenons les armes en un jour sacré contre ceux qui viennent nous
« attaquer. Il n'a point imputé à crime aux Maccabées de s'être dé-
« fendus en un saint sabbat. » Disant ces mots, il revêt son corps de
ses armes, s'élance de sa haute taille sur son grand cheval, et retour-
nant sur ses pas, vole vers l'ennemi d'une course rapide, tandis que
les sons horribles du clairon retentissent autour de lui.

« Lorsqu'il vit les Français accourir en toute hâte avec leur roi,
leurs bannières déployées pour la bataille, Othon, à qui l'on avait
rapporté que, vaincu par la seule frayeur, les Français s'étaient enfuis
pour retourner dans leur patrie, Othon fut saisi d'étonnement, et,
perdant ses espérances, fit un mouvement en arrière, et se retira un
peu sur la gauche. Là, rangeant son armée en bataille, et se détour-
nant un peu vers le nord, il étendit ses troupes sur le terrain en une
ligne non interrompue, de façon à occuper le premier rang, présentant le front de ses hommes d'armes, sur une ligne droite qui occupait
un espace de deux mille pas. De son côté aussi, le roi prit soin de prolonger les ailes de son front de bataille, afin de ne pouvoir être en
aucun cas tourné ni enveloppé par ses nombreux ennemis. »

X.

LES ARMÉES SE RANGENT EN BATAILLE.

Le dimanche, vers midi, l'Empereur Othon, parti dès le matin de
Mortagne, se trouvait presque à la hauteur de Tournai et suivait l'armée française, dont il harcelait déjà l'arrière-garde. Celle-ci ayant
fait volte-face, les Allemands voulurent se ranger en bataille. Ralen-
tissant brusquement la marche de son aile gauche, Othon fit avancer
et se déployer vers le nord, sur une longueur de deux mille pas environ, l'aile droite et le centre de ses troupes qui, par un mouvement
de conversion à gauche, vinrent joindre le premier corps de bataille,
de telle sorte que le front de son armée, comme nous l'avons dit précédemment, se développait sur une ligne droite légèrement inclinée
de l'est à l'ouest. L'armée française n'avait donc qu'à se retourner
pour lui faire face directement. Comme elle était moitié moins nombreuse que celle de l'Empereur, elle fut beaucoup plus tôt rangée en
bataille et put choisir ou conserver les avantages du terrain. De là la
surprise d'Othon lorsqu'il nous vit prêts à lui tenir tête. La précipi-
tation qu'il avait mise à nous poursuivre, malgré la solennité du jour
et parce qu'il nous croyait arrêtés par le passage du pont, lui devint
funeste en ne lui permettant pas de mieux prendre ses mesures.

« L'infanterie française (la *piétaille*, comme on disait en terme de
dédain), composée de serfs, de paysans, d'habitants des communes
levés à la hâte, était peu exercée et ne passait point pour être la meilleure de l'Europe à cette époque. Celle des Allemands et des Brabançons, qui s'attachait à conserver les traditions de la tactique romaine,
était au contraire en réputation. Mais la cavalerie et surtout la gendarmerie française et flamande, passait pour la meilleure du temps ;
tous les soins des chefs français et flamands se portaient exclusivement
sur elle ; c'était leur espoir dans les combats. Les archers anglais
avaient, avec les routiers gascons et génois, le renom d'être les plus
robustes comme les plus adroits tireurs de l'époque.

« L'ordre de bataille d'une armée était communément sur une, deux et quelquefois trois lignes ; dans ce dernier cas, la dernière ligne servait de réserve. Les carrés formant une ligne, gardaient entre eux un intervalle de côté égal à l'étendue de leur front. La distance d'une ligne à l'autre était ordinairement de cent à cent cinquante pas. L'armée, ainsi rangée en bataille, se divisait en trois parties : le centre, que l'on nommait aussi corps de bataille, était presque toujours composé d'infanterie ; les carrés de la seconde ligne étaient placés de manière à être en face des vides de celle qui était devant elle ; le chef pouvait former sa première ligne en ordre de phalange, c'est-à-dire en ordre plein, sans solution de continuité ; il n'avait qu'à faire avancer sa seconde ligne, qui allait s'encadrer dans les vides de la première, présentait une phalange d'une extrémité à l'autre du corps de bataille. Les deux autres parties, qui prenaient la dénomination d'aile droite et d'aile gauche, parce qu'elles se trouvaient aux deux extrémités du corps de bataille, étaient composées de cavalerie. Chaque fois que la ligne s'étendait sur une plaine, comme à Bouvines, les ailes étaient sur quatre, cinq ou six lignes de profondeur, qui cherchaient toujours à se développer en dehors pour déborder l'ennemi ou pour empêcher d'être débordés, de sorte que le champ de bataille prenait toujours plus d'étendue par la durée du combat.

« Les attaques d'infanterie à infanterie se pratiquaient en marchant droit et serré, les armes croisées. Ces attaques étant partielles par un ou plusieurs carrés, le front d'attaque était par conséquent variable en étendue. Les chocs d'infanterie étaient souvent secondés par des charges de cavalerie et par des volées de traits des archers ou arbalétriers. Il arrivait quelquefois qu'une ligne formant phalange s'ébranlait tout entière pour attaquer. Ce moyen était tout à la fois le plus décisif et le plus hasardeux, parce que la ligne qui tenait moins longtemps ferme entraînait assez souvent dans sa fuite toute l'armée à laquelle elle appartenait. La charge de l'infanterie des communes rangées en phalange faillit compromettre le sort de la journée à Bouvines.

« La résistance de l'infanterie, soit contre les corps de son arme, soit contre la cavalerie, avait lieu en croisant les piques, de manière à présenter la forme d'un cheval de frise et faisant ferme aux points d'attaque. Quelquefois l'infanterie, surprise par des forces supérieures, se formait en bataillons ronds et vides où pouvaient s'abriter les hommes d'armes trop fatigués.

« La cavalerie chargeait par haies ou rangs simples ; le premier rang ayant fourni sa carrière venait se reformer derrière le dernier de son carré, et ainsi de suite. Quelquefois, voulant pénétrer à fond dans les rangs ennemis, les chefs rangeaient leurs troupes en forme de herse, lances en dehors. Dans ce cas, ils plaçaient les plus robustes comme les plus vaillants à la pointe du triangle. Au commandement de : *Lance en dehors !* les cavaliers placés à la gauche du triangle passaient l'arme de la main droite dans la main gauche. Tout homme d'armes devait être de condition libre. Il était souvent gentilhomme ou aspirait à le devenir. La chevalerie, comme on sait, n'était point héréditaire ; elle s'acquérait par des faits d'armes ou des services rendus. Les chevaliers étaient suivis d'écuyers (*armigeri*) et de varlets (*domestici*) s'instruisant auprès d'eux.

« Les prisonniers constitués en dignités, chevaliers, bannerets, titrés ou gentilshommes, étaient conduits au dépôt, où ils fournissaient caution personnelle ou en biens pour leur rançon, et ils étaient relâchés après cette formalité ou bien escortés pour aller tenir prison dans les endroits indiqués, en attendant échange ou rançon. La rançon était proportionnée à la dignité du prisonnier; il existait alors un tarif commun à tous les États, duquel on ne s'éloignait guère. Le prix de la rançon revenait au capteur, à moins que les soldats d'un contingent ou d'une commune ne se fussent engagés d'avance à partager également le prix des rançons. Le roi, dans tous les cas, avait le droit de disposer des prisonniers qu'il désignait, en acquittant toutefois le produit de la rançon à qui de droit. Les prisonniers serfs, dont on n'avait rien à espérer, étaient liés, attachés deux à deux et escortés jusqu'aux places fortes de l'intérieur, où on les employait aux travaux publics en attendant la paix. Ils étaient alors renvoyés sans rançon. Les grands propriétaires des fiefs parcouraient les dépôts et tâchaient d'attirer à eux les prisonniers instruits dans les lettres ou habiles dans les ouvrages d'art et d'industrie; c'est aussi dans ces dépôts que les chefs des ribauds, coteriaux et routiers recrutaient souvent leur troupe.

« Indépendamment des hommes levés en vertu du ban et de l'arrière-ban, les princes entretenaient, soit pour le service continuel des places fortes, soit pour un temps limité en temps de guerre, des mercenaires sous différentes dénominations. Philippe-Auguste, (comme Jean sans Terre) avait toujours à sa solde une gendarmerie d'ordonnance qui différait de celle du ban, en ce que chaque homme d'armes d'ordonnance n'avait que *deux suivants*, servants ou serjeants attachés à sa lance, au lieu que les autres en avaient *quatre*, *six*, ou *huit*, selon la dignité ou la fortune de l'homme d'armes. Ces suivants se divisaient en serjeants (*satellites*), en archers ou arbalétriers, écuyers, varlets, etc.

« Les princes enrôlaient pour une campagne ou un printemps limité, des corps de ribauds (*ribaldi*), composés d'hommes de toute espèce; ils en formaient des bandes armées à la légère, servant à pied ou à cheval; on les employait dans les occasions qui exigeaient de l'audace; c'étaient les enfants perdus de l'époque. Des Brabançons (*Brabantiores*); ils étaient aussi organisés en bandes qui se mettaient sous les ordres de qui les payait mieux; ils portaient le nom de Brabançons, parce que la plus grande partie d'entre eux étaient du Brabant; ils passaient pour être les meilleurs et les plus hardis fantassins de l'époque; ils étaient habitués à résister en masse aux charges de cavalerie. Des coteriaux (*coterilli*), armés de glaives tranchants et de fauchons; leur service était de se couler parmi la cavalerie ennemie pendant le combat et de frapper aux jarrets des chevaux. C'était une troupe misérable, plus à craindre pour les paysans que pour les combattants. Les ribauds et les coteriaux étaient chargés de battre la strade, de faire le guet, et du service des avant-postes.

« La durée du service pour les hommes levés en vertu des bans était le plus souvent, comme on sait, de quarante jours, à dater de la réunion au corps d'armée. Chaque contingent était suivi de chariots portant les vivres nécessaires à son entretien pendant la durée du service. (C'est pourquoi, comme le dit Philippe-Auguste, on n'aimait pas à combattre quand les chariots n'étaient pas en sûreté). Cet entretien, en France, tombait à la charge du roi, quand il retenait les hommes au-delà du temps fixé pour le licenciement.

« Les cavaliers attachés aux hommes d'armes en qualité de suivants ou satellites (au nombre de quatre, six ou même huit) composaient ce qu'on appelait alors la cavalerie légère. Former une lance, c'était compléter le nombre voulu de suivants pour accompagner l'homme d'armes. (Cent chevaliers ou hommes d'armes représentaient donc de quatre à huit cents hommes). Lorsque les armures de fer n'étaient point réunies, les satellites ou suivants n'abandonnaient jamais leur homme d'armes, à la sûreté duquel ils étaient chargés de veiller sous peine de mort. Quand elles étaient réunies, comme à Bouvines, les suivants se formaient par escadrons séparés. La cavalerie légère manœuvrait et chargeait en rangs simples par haies, comme la gendarmerie. On la plaçait ordinairement à droite et à gauche des escadrons de gendarmerie, auxquels elle était attachée. Elle engageait quelquefois le combat, comme firent les *Soissonnais* à Bouvines. Elle protégeait les flancs de la gendarmerie, donnait la chasse aux troupes rompues, faisait et gardait les prisonniers.

« Les princes entretenaient encore des corps de tireurs d'arcs, nommés *francs archiers* (les communes se piquèrent bientôt d'en avoir aussi); mais plus forts et mieux exercés que ceux des bans, ils combattaient sur trois rangs; le premier mettait genou en terre, le deuxième se baissait et le troisième tirait debout; toujours réunis en pelotons, ils marchaient sur les flancs des corps assaillants d'infanterie, et préparaient les charges en tirant tous ensemble plusieurs volées sur le point attaqué. Les princes, les grands vassaux, les bannerets, en avaient à leur solde qu'ils employaient à transmettre leurs ordres et à faire la police de leur ost.

« Les chariots de guerre, attelés de deux ou de quatre chevaux, étaient ordinairement fournis par les abbayes. Les uns portaient les armures de chevaliers; un de ces chariots envoyé par les moines de St-Vaast d'Arras, conduisait l'armure du roi à Bouvines. D'autres étaient remplis de lances de rechange pour la cavalerie, de flèches et de viretons pour les archers et arbalétriers; quelques-uns traînaient du linge, de la charpie, et autres nécessités à l'usage des physiciens (ou médecins) (1) ? »

Les armées s'étaient mises en bataille à peu de distance l'une de l'autre, sur deux lignes parallèles. Les Français étaient rangés de cette manière : au centre, le roi avec toute la cavalerie d'élite. Une bonne partie de l'infanterie des communes, passant par les intervalles que les escadrons de cavalerie gardaient entre eux, venait se mettre en ligne à mesure qu'elle repassait le pont. La droite (au midi) était commandée par Eudes, duc de Bourgogne, le plus considérable des grands vassaux de la Couronne; il avait sous ses ordres le comte de Saint-Pol, son sénéchal, à la tête d'un corps choisi de gendarmerie; le vicomte de Melun, avec ses troupes légères, revenu de son expédition d'éclaireur; le comte de Beaumont, Mathieu de Montmorenci, les frères de Mareuil, et d'autres chevaliers de la plus ancienne noblesse. La gauche (au nord), composée des milices du Ponthieu et du comté de Gamaches, des sergents d'armes, des ribauds, de quelques corps de gendarmerie du ban, était confiée aux comtes de Dreux et d'Auxerre, tous deux princes du sang royal. Les frères de Garlandes, les deux Coduns, et quelques autres puissants propriétaires de fiefs et grands tenanciers bretons étaient sous leurs ordres. Le chevalier ou frère Garin, remplissant comme les fonctions de général en chef sous les ordres du roi, n'avait

(1) *Mémoire sur la bataille de Bouvines*, extrait des notes, passim.

point de poste fixe. Sa place était partout où il y avait des ordres ou des encouragements à donner, des fautes à réparer, une surveillance active à exercer. Philippe-Auguste s'en rapportait à ses soins et à son intelligence pour l'exécution des mouvements et l'ordre à faire observer dans les manœuvres et dans les rangs. Si nous comprenions combien nous lui sommes redevables pour cette glorieuse journée, nous bénirions son dévoûment, ses lumières, son courage, et par-dessus tout ses dignités ecclésiastiques, qui lui permirent en cette occasion de servir la France sans ambition personnelle et par conséquent sans porter ombrage à aucun de ces grands feudataires dont il fallait ménager les amour-propres et souvent redouter le concours. L'évêque Garin marchant à la tête de cette formidable armée, avec son costume de frère profès de l'hôpital de Jérusalem, nous représente l'Eglise conduisant la France à la victoire; c'est la figure qui résume le mieux à nos yeux cette période du moyen-âge.

Nous allons maintenant reprendre, sans l'interrompre, le récit en prose de Guillaume le Breton, médecin, chapelain et historiographe du roi, qui était présent à cette grande bataille et qui la raconte avec un talent remarquable, malgré la prétendue barbarie de son époque. Nous remonterons au départ de la ville de Tournai :

« Le lendemain donc, dit le chroniqueur, c'est-à-dire le dimanche 27 juillet, le roi quitta Tournai pour se diriger vers un château appelé Lille, où il se proposait de prendre du repos avec son armée pendant cette nuit-là. Le même matin, Othon s'éloigna avec son armée de Mortain. Le roi ne savait pas et ne pouvait pas croire qu'ils vinssent derrière lui. C'est pourquoi le vicomte de Melun s'écarta de l'armée du roi avec quelques cavaliers armés à la légère, et s'avança vers le côté d'où venait Othon. Il fut suivi d'un homme très-brave, d'un conseil sage et admirable, prévoyant avec une grande habileté ce qui peut arriver, Garin, l'élu de Senlis, que j'ai nommé plus haut le frère Garin, car il était le frère profès de l'hôpital de Jérusalem, et alors, quoique évêque de Senlis, n'avait pas cessé de porter, comme auparavant, son habit religieux. Ils s'éloignèrent donc de plus de trois milles de l'armée du roi, jusqu'à ce qu'ils fussent arrivés dans un lieu élevé, d'où ils purent voir clairement les bataillons des ennemis s'avancer prêts à combattre. Le vicomte restant quelque temps en cet endroit, l'évêque se rendit promptement vers le roi, lui dit que les ennemis venaient rangés et prêts à combattre et lui rapporta ce qu'il avait vu, *les chevaux couverts de chevaliers* (1), et les hommes d'armes à pied marchant en avant, ce qui marquait évidemment qu'il y aurait combat. Le roi ordonna aux bataillons de s'arrêter, et ayant convoqué les grands, les consulta sur ce qu'il y avait à faire. Ils ne lui conseillèrent pas beaucoup de combattre, mais plutôt de s'avancer toujours (on espérait, ainsi que nous l'avons vu plus haut, pouvoir gagner les plaines de Cambrai).

« Les ennemis étant arrivés à un ruisseau qu'on ne pouvait facilement traverser, le passèrent peu à peu, et feignirent, ainsi que le

---

(1) M. Lebon, auteur d'un mémoire intéressant sur la bataille de Bouvines, couronné en 1833 par la *Société d'émulation de Cambrai*, prétend, avec raison, qu'au lieu de *chevaux couverts de chevaliers*, que donne la traduction de M. Guizot, il faut lire : *les chevaux des chevaliers couverts*, ou caparaçonnés et équipés pour combattre ; ce qui explique en effet la réflexion du frère Garin, induisant de là qu'il y aurait évidemment combat. Le texte latin porte : *equos militum coopertos*, et non point : *equos militibus coopertos*.

crurent quelques-uns des nôtres, de vouloir marcher vers Tournai. Le bruit courut donc parmi nos chevaliers que les ennemis se détournaient vers Tournai. L'évêque était d'un avis contraire, proclamant et affirmant qu'il fallait nécessairement combattre ou se retirer avec honte et dommage (1). *Cependant les cris et les assertions du plus grand nombre prévalurent.* Nous nous avançâmes vers un pont appelé BOVINES, placé entre un endroit appelé Sainghin et la ville de Cisoing. Déjà la plus grande partie de l'armée avait passé le pont et le roi avait quitté ses armes; mais il n'avait pas encore traversé le pont, *ainsi que le pensaient les ennemis*, dont l'intention était, s'il l'eût traversé, ou de tuer sans pitié ou de vaincre comme ils l'auraient voulu ceux qu'ils auraient trouvé en deçà du pont. Pendant que le roi, un peu fatigué des armes et du chemin, prenait un léger repas sous l'ombre d'un frêne, près d'une église fondée en l'honneur de saint Pierre, voilà que des messagers envoyés par ceux qui étaient aux derniers rangs (car on tournait le dos à la ville de Tournai et par conséquent à l'ennemi, qui s'en était rapproché un moment), et se hâtant d'accourir promptement vers lui, annoncèrent avec de grands cris que les ennemis arrivaient, et que déjà le combat était presque engagé aux derniers rangs; que le vicomte (de Melun) et les archers, les cavaliers et hommes de pied armés à la légère, ne soutenaient leur attaque qu'avec la plus grande difficulté et de grands dangers, et qu'ils pouvaient à peine plus longtemps arrêter leur fureur et leur impétuosité. A cette nouvelle, *le roi entra dans l'église*, et adressant au Seigneur une courte prière, il sortit pour revêtir de nouveau ses armes, et le visage animé, *et avec une joie aussi vive que si on l'eût appelé à une noce*, il saute sur son cheval. Le cri de : *Aux armes, hommes de guerre! aux armes!* retentit partout dans les champs, et les trompettes résonnent, les cohortes qui avaient déjà passé le pont, reviennent sur leurs pas. On rappelle l'étendard de Saint-Denis, qui devait, dans les combats, marcher à la tête de tous, et, comme il ne revient pas assez vite, on ne l'attend pas. Le roi, d'une course rapide, se précipite vers les derniers rangs (où s'engageait déjà le combat), et se place sur le premier front de la bataille, où personne ne s'élance entre lui et les ennemis.

« Les ennemis voyant le roi, contre leur espérance, revenir sur ses pas, frappés, je crois, comme de stupeur et d'épouvante, se détournèrent vers le côté droit du chemin par lequel ils venaient, et s'étendant vers l'occident, s'emparèrent de la partie la plus élevée de la plaine, et se tinrent du côté du nord, ayant devant les yeux le soleil plus ardent ce jour-là qu'à l'ordinaire. Le roi déploya ses ailes du côté contraire, et se tint du côté du midi avec son armée, qui s'étendait sur une ligne dans l'espace immense de la plaine, en sorte qu'ils avaient le soleil à dos. Les deux armées se tinrent ainsi occupant à peu près une même étendue, et séparées l'une de l'autre par un espace peu considérable. Au milieu de cette disposition, au premier rang était le roi Philippe, aux côtés duquel se tenaient Guillaume de Barres, la

---

(1) Le frère Garin, homme prévoyant et d'une grande habileté, qui avait vu les chevaux ennemis caparaçonnés en guerre, en concluait avec raison qu'il fallait s'attendre à combattre; mais l'armée française, de moitié moins forte que celle de l'empereur Othon, voulait choisir son heure et son lieu pour compenser les chances; et nous voyons que Philippe-Auguste n'osait rien décider dans d'aussi graves conjonctures sans l'assentiment des barons qui l'accompagnaient : *les cris . . . . . . tions du grand nombre prévalurent*, dit le chroniqueur.

fleur des chevaliers ; Barthélemy de Roye, homme sage et d'un âge avancé ; Gautier le Jeune, homme prudent et valeureux, et sage conseiller ; Pierre de Mauvoisin, Gérard Scropha, Etienne de Longchamps, Guillaume de Mortemart, Jean de Rouvrai, Guillaume de Garlande, Henri, comte de Bar, jeune d'âge, vieux d'esprit, distingué par son courage et sa beauté, et un grand nombre d'autres dont il serait trop long de rapporter les noms, tous hommes remarquables par leur courage, depuis longtemps exercés à la guerre, et qui, pour ces raisons, avaient été spécialement placés pour la garde du roi dans ce combat. Du côté opposé, se tenait Othon au milieu des rangs épais de son armée, qui portait pour bannière un aigle doré au-dessus d'un dragon attaché à une très-longue perche dressée sur un char. Le roi, avant d'en venir aux mains, adressa *à ses chevaliers* cette courte et *modeste* harangue : « Tout notre espoir, toute notre confiance sont placés en
« Dieu. Le roi Othon et son armée, qui sont les ennemis et les des-
« tructeurs des biens de la sainte Eglise, ont été excommuniés par le
« Seigneur pape : l'argent qu'ils emploient pour leur solde est le pro-
« duit des larmes des pauvres et du pillage des églises de Dieu et des
« clercs. Mais nous, nous sommes chrétiens ; nous jouissons de la
« communion et de la paix de la sainte Eglise, et quoique pécheurs,
« **nous sommes réunis à l'Eglise de Dieu, et nous défendons**, selon
« notre pouvoir, les libertés du clergé. Nous devons donc avec con-
« fiance nous attendre à la miséricorde de Dieu, qui, malgré nos pé-
« chés, nous accordera la victoire sur ses ennemis et les nôtres. » A ces mots, les chevaliers demandèrent au roi sa bénédiction ; ayant élevé la main, il envoyait pour eux la bénédiction du Seigneur ; aussitôt les trompettes sonnèrent, et ils fondirent avec ardeur sur les ennemis, et combattirent avec un courage et une impétuosité extrêmes. »

XI.

PHILIPPE-AUGUSTE FAIT TAILLER LES SOUPES.

L'existence du discours de Philippe-Auguste au moment du combat nous paraît incontestable ; les deux récits en font foi. Que son langage ait été modeste, rien de plus vraisemblable, et les paroles que Guillaume le Breton met dans la bouche du roi semblent l'indiquer. Mais si nous comparons la chronique et le poëme, nous voyons, à n'en pouvoir douter, que l'auteur, en cette circonstance, s'est peu soucié d'être exact, et qu'il a fait parler son héros à sa guise. Le premier discours est tout politique ; le second est purement religieux ; mais tous les deux sont vrais puisque le principe de la guerre était religieux, ayant sa cause éloignée dans une vieille antipathie de nation et de race. La bénédiction des chevaliers par le roi, si elle n'est point là pour rappeler l'espèce de communion guerrière que Philippe-Auguste exigea de ses barons, parmi lesquels il croyait voir des mécontents ou des traîtres, est à coup sûr un fait plus étrange que le discours dont la tradition nous a conservé le souvenir. Quoi qu'il en soit, puisque Guillaume le Breton a refait après coup l'allocution du roi et le récit des faits dont il avait été témoin, nous sommes en droit d'en conclure qu'il ne l'a point fait sans motif ou sans les présenter sous un jour qu'il croyait, sinon plus favorable à l'Eglise et à la couronne, du moins plus conforme aux idées royales.

« En ce moment, poursuit le chroniqueur, se tenaient en arrière du roi, non loin de lui, le chapelain qui a écrit ces choses, et un clerc. Ayant entendu le son de la trompette, ils entonnèrent le psaume CXLIII : *Béni soit le Seigneur qui est ma force, qui instruit mes mains au combat*, jusqu'à la fin ; ensuite (ps. LXII) : *O Dieu, élevez-vous*, jusqu'à la fin, et (ps. XX) : *Seigneur, le roi se réjouira dans votre force*, jusqu'à la fin, et les chantèrent comme ils purent, car les larmes s'échappaient de leurs yeux *et les sanglots se mêlaient à leurs chants*. Ils rappelaient à Dieu, avec une sincère dévotion, l'honneur et la liberté dont jouissait son Église par le pouvoir du roi Philippe, et le déshonneur et les outrages qu'elle souffrait et souffre encore de la part d'Othon et du roi Jean, par les dons duquel tous ces ennemis, excités contre le roi, osaient, dans son royaume, attaquer leur seigneur. Le premier choc ne fut pas du côté où se trouvait le roi (au milieu) ; car avant qu'on en vînt aux mains, on combattait à l'aile droite (commandée par l'impatient duc de Bourgogne, qui devait être en effet la plus rapprochée des ennemis), à droite du roi, sans qu'il le sût, je crois, contre Ferrand et les siens. Le premier front des combattants était, comme nous l'avons dit, étendu en ligne droite et occupait dans la plaine un espace de quarante mille pas. L'évêque (Garin) était dans cet endroit, non pour combattre, mais pour exhorter les hommes d'armes et les animer pour l'honneur de Dieu, du royaume et du roi, et pour leur propre salut; il voulait exciter surtout (ou diriger et surveiller) le très-noble Eudes, duc de Bourgogne ; Gaucher, comte de Saint-Pol, *que quelques-uns soupçonnaient d'avoir quelquefois favorisé les ennemis*, à raison de quoi il dit lui-même à l'évêque que ce jour-là il serait bon traître ; Mathieu de Montmorency, chevalier plein de valeur ; Jean, comte de Beaumont ; beaucoup d'autres braves chevaliers, et en outre cent quatre-vingts chevaliers de la Champagne (sur lesquels on avait peut-être des soupçons ; tandis que l'aile gauche, commandée par les comtes de Dreux et d'Auxerre, dévoués au roi, n'inspirait aucune inquiétude). Tous ces combattants (pour qu'ils ne pussent se dérouter) avaient été rangés dans un seul bataillon par l'évêque, qui mit aux derniers rangs quelques-uns qui étaient à la tête et qu'il savait de peu de courage et d'ardeur. Il plaça sur un seul et premier rang ceux de la bravoure et de l'ardeur desquels il était sûr, et leur dit : « Le champ est vaste, éten-
« dez-vous en ligne droite à travers la plaine, de peur que les enne-
« mis ne vous enveloppent. Il ne faut pas qu'un chevalier se fasse un
« bouclier d'un autre chevalier, mais tenez-vous de manière que vous
« puissiez tous combattre comme d'un seul front. » A ces mots, ledit évêque, d'après le conseil du comte de Saint-Pol, lança en avant cent cinquante hommes d'armes à cheval pour commencer le combat, afin qu'ensuite les *nobles chevaliers* trouvassent les ennemis un peu troublés et en désordre.

» Les Flamands, qui étaient les plus ardents au combat, s'indignèrent d'être attaqués d'abord par des hommes d'armes (à la solde du roi ou des communes), et non par des chevaliers. Ils ne bougèrent pas de leur place, mais les ayant attendus, ils les reçurent vigoureusement, tuèrent les chevaux de presque tous, les accablèrent d'un grand nombre de blessures, mais n'en blessèrent que deux à mort ; *car c'étaient de très-braves hommes d'armes de la vallée de Soissons, et ils combattaient aussi bien à pied qu'à cheval.* »

Nous dirons tout à l'heure l'origine de ces courageux Soissonnais,

« ces intrépides soldats qui seront à jamais célèbres dans les fastes la Monarchie française; » mais avant de les suivre au combat, il convient de nous retracer le plus fidèlement possible la conduite de Philippe-Auguste. Or, la voici rapportée d'après une chronique contemporaine dont nous donnons le texte et la traduction (1) :

« Le roi entendit la messe tout armé; quand la messe fut dite, il fit apporter du pain et du vin et fit tailler les soupes, et il en mangea une; puis il dit à tous ceux qui étaient autour de lui : « Je prie tous « mes bons amis de manger avec moi, en mémoire des douze apôtre « qui burent et mangèrent avec Notre-Seigneur; et s'il y a nul qui « pense mauvaiseté ou tricherie, qu'il n'approche point. » — Lors s'avança messire Enguerrand de Couci, et il prit la première soupe; le comte Gauthier de Saint-Pol prit la seconde, et dit au roi : « Sire, aujourd'hui on verra qui est traître. » — « Il prononça ces paroles, parce qu'il savait bien que le roi l'avait en soupçon et qu'on l'avait calomnié. Le comte de Sancerre prit la troisième, et tous les autres barons après, et il y eut si grande presse qu'ils ne purent tous arriver au hanap. Quand le roi vit cela, il en fut très-réjoui et leur dit :

(1) *Chronique de Rains* :

« Et lors fist li rois semonre tous ses fiévés et toutes ses communes, et furent assemblé 1 samedi au soir de fors Tournay, et tendirent lor pavellons. Quant li quens Ferrans et sa partie virent que li rois estoit à Tournay, si en furent trop liet, car il le qui doit bien avoir en lor nasse. — Et li manda li quens Ferran bataille à lendemain. Quant li rois l'entendi si l'enpesa moult pour le dieman che, et li manda par frère Garin, qu'il atendist jusques au lundi. Et li quens manda qu'il n'en feroit riens, car li rois s'en voloit fuir. Atant repaira frères Garins, et li quens Renaus le convoia une pièche. Et quant li quens Renaus fu revenu arrière, messire Hues de Boves li dist devant l'empereour Othon et devant le conte Ferrant : — Ha, quens de Boulongne, qunes de Boulongne, quelle avés bastie la traïson entre vous et frère Garin ! — Certes, dist li quens Renaus, vous i avez menti, comme faus traitres que vous i estes et bien devés dire tèles paroles, car vous i estes dou parage Guènelon (*), et bien saciés se je vieng à la bataille, que je ferai tant que je serai ou mors ou pris et vous enfuirés comme mauvais récréans et falis !

« Atant demora li tenchous, et frère Garins est revenu au roi et li dist : — Sire, or vous ait Diex; vous arés demain bataille, sans falir. Faites ordener vo gent, car il est mestiers. — Lors fist li rois ordener ses batailles et les commanda as plus preudhomes de s'ost. Et l'emperezes Othons, li quens Errans, li quens Renaus, et li quens Guillaumes Longhe-Espée, qui estoit frères le roi d'Engletère (et li avoit envoijet en liu de lui, pour çou qu'il ne pooit iestre, ains estoit en Pontiu à la Roche contre monsignor Loeys, qui moult le contraloit) — Cist grant signour que je vous ai noumé, départoient France entr'aus. Li quens Ferrans voloit Paris; li quens Renaus voloit Normandie, et l'empereres voloit Orliens, Castres et Estampes; et Hues de Boves voloit Amiens. — Ensi en quesis soit castuns sa pièche,

Mais en poi d'eure Diex laboure !
Teus rit au matin qui au soir pleure.

« Ensi d moura le samedi jusques au diemanche matin que li rois se leva et fist sa grant issir de Tournay, armes et bannières desploijés, et ses araines sounans, et ses esciècles ordenées. Et tant errèrent qu'ils vinrent a 1 ponciel qu'on apèle

(*) Allusion au fameux Ganelon, qui trahit Roland à Roncevaux, et en mémoire duquel les enfants, feignant une embuscade ou une surprise et sautant à la ronde, chantent encore aujourd'hui dans les environs de Soissons et de Laon :

Encore un peu plus long,
Dit, dit, dit Gannelon.
Encore un peu plus long,
Trois rois défaits seront.

« Seigneurs, vous êtes tous mes hommes, et je suis votre sire, quel que
« je sois; je vous ai aimé et porté grand honneur, je vous ai donné du
« mien largement, je ne vous ai jamais fait tort ni déraison, mais je
« vous ai toujours menés par droit; c'est pourquoi je vous prie aujour-
« d'hui que vous gardiez mon corps, mon honneur et le vôtre. *Si vous
« voyez que la couronne soit mieux employée en l'un de vous
« qu'en moi, je m'y octroie volontiers, et j'y consens de bon cœur
« et de bonne volonté.* »

« Quand les barons l'oïrent ainsi parler, ils commencèrent à pleurer
de pitié et dirent : « Sire, pour Dieu merci, nous ne voulons d'autre
« roi que vous; or, chevauchez hardiment contre vos ennemis, nous
« sommes tous prêts à mourir avec vous. »

Voilà bien, selon nous, le discours modeste dont parle Guillaume le
Breton, sans toutefois le rapporter textuellement, puisque les deux
extraits qu'il en donne ne concordent pas entre eux. Il est inutile de
faire remarquer que les *soupes taillées* par Philippe-Auguste ne sont
point ce que nous entendons aujourd'hui par le même mot, mais une
sorte de communion politique et guerrière, analogue à celle qui s'est

le pont de Bouvines; et si avoit une capièle ou li rois tourna pour oïr messe, car
il estoit encore matin, et le canta li vesque de Tournay. Et li rois oï messe, tous
armés. Et quant la messe fu dite, si fist li rois aporter pain et vin, et fist tailler
des soupes et en mangea une. Et puis dist à tous ceans qui entour lui estoient :
« Je proi à tous mes boins amis qu'ils mangascent avec moi, en ramenbrance
« des XII apostles qui avoec Nostre Signour burent et mangièrent. Et s'il en y a
« nul qui pense mauvaistié ne trecherie, si ne s'i aproce mie. »

« Lors s'avancha me sire Engherrans de Couchi et prist la première soupe. Et
li quens Gauthiers de Saint-Pol la seconde, et dist au roi : « Sire, wi en cest
jour vera-on qui iert traitres (*)! » Et dist ces paroles pour çou que il savoit bien
que li rois l'avoit en souspechon, por mauvaises paroles. Et li quens de Sancerre
prist la tierce et tous li autre baron après, et i ot si grant presse qu'il ne porent
tout avenir au Hanap. Et quant li rois vit çou si en fu moult liés et lor dist :
« Signeur, vous iestes tout mi hom, et je suis vostre sires, quels que je soie, et
« vous ai moult amés, et portés grant honneur, et douné dou mien largement et
« ne vous fis onkes tort ne desraison, ains vous ai toujours menés par droit.
« Pour çou, si prie à vous tous que vous gardés wi mon cors et m'ouneur et la
« vostre. *Et se vous vées que la corone soit mius employé en l'un de vous qu'en moi,
« je mi otroi volentiers et le voel de boin cuer et de boine volonté.* »

« Quant li baron l'oïrent ensi parler, si comencièrent à plorer de pitié et disent : « Sire, pour Dieu merchi ! Nous ne volons roi se vous non ! Or, chevau-
« ciés hardiment contre vos ennemis, et nous sommes tous apparelliés de
« mourir avoec vous ! »

« A tant monta li rois sour l destrier fort et seur, et tout li baron ausi, banière
desploies cescuns à son couroi. »

Pour montrer comment le comte de Saint-Pol voulut se venger des injustes
soupçons qui pesaient sur lui, le savant éditeur de la *Chronique de Rains* donne
un extrait des *Royaux Lignages* de Guillaume Guiart d'Orléans, où nous voyons
Gauthier marcher à la tête des gens de Sissonne et faire avec eux des prodiges de
valeur :

<blockquote>
Après se desrenge GAUCHER,
Li quens de Sainct-Pol, et sa route
SISSONNE contreux se desroute,
D'une part et d'autre esperonnent
Lances à l'assembler tronçonnent,
Aux espées, quant elles faillent
Et aux alenaz s'entresaillent, etc.
</blockquote>

(*) Cette réponse du comte de Saint-Pol, qu'on accusait de trahison, est rapportée
deux fois et dans les mêmes termes, par Guillaume le Breton; ce qui prouverait au
besoin l'authenticité de la chronique de Reims.

perpétuée dans les sociétés maçonniques et chez les descendants dégénérés de l'ordre du Temple (1) : on rompt le pain en commun et l'on boit au même hanap en signe de fraternité. Cette coutume est trop conforme aux idées du moyen-âge, surtout à celles de la chevalerie naissante, pour qu'en présence d'un témoignage aussi précis, on puisse la mettre en doute. Or, cette cérémonie moitié religieuse et moitié guerrière étant admise, l'allocution du roi en est la conséquence naturelle et n'a plus rien qui doive nous surprendre. Il parlait comme les circonstances lui commandaient de le faire, en présence de grands barons qu'il consultait fréquemment sur l'opportunité de la bataille, et dont le dévoûment à sa personne ou à sa cause ne lui était pas toujours assuré. La plupart, à l'exemple du duc de Bourgogne, étaient mécontents de s'être armés quelques mois auparavant sans avoir pu descendre en Angleterre, et craignaient encore que cette nouvelle campagne ne leur apportât ni gloire ni profit. Le seul moyen d'apaiser les murmures et de réconcilier tous les cœurs était de rappeler à ces guerriers impatients qu'ils n'avaient point au milieu d'eux de chef plus illustre ni plus digne de les conduire au combat.

« Bientôt Othon, arborant les bannières de l'empire, comme s'il voulait déjà célébrer par avance le triomphe dont il se croit sûr, élève dans les airs son étendard, s'environne des honneurs suprêmes de l'empire, afin de faire briller ses faisceaux au milieu d'un si grand appareil, *et de se proclamer par la victoire le souverain du monde entier*.

« Quant au roi, il lui suffit de faire voltiger légèrement dans les airs sa simple bannière, formée d'un simple tissu de soie d'un rouge éclatant, et semblable en tout point aux bannières dont on a coutume de se servir pour les processions de l'Eglise, en certains jours. Cette bannière est vulgairement appelée l'oriflamme : son droit est d'être, dans toutes les batailles, en avant de toutes les autres bannières, et l'abbé de St-Denis a coutume de la remettre au roi toutes les fois qu'il prend les armes et part pour la guerre. En avant du roi cependant, la bannière royale était portée par Galon de Montigny, très-vaillant homme. (Il y avait donc une bannière *nationale*, vulgairement appelée oriflamme, et une bannière *royale*). Aussi les deux armées se trouvaient précisément vis-à-vis l'une de l'autre ; la portion de la plaine qui les séparait était peu étendue ; elles étaient rangés face à face, mais on n'entendait encore retentir aucune voix.

« Placé de l'autre côté et vis-à-vis du magnanime Philippe, Othon était tout couvert d'or et revêtu des ornements impériaux, LE SEIGNEUR DE DREUX, avec les gens de Gamache et de Ponthieu, qui n'étaient éloignés du roi que de manière qu'il n'y eut aucun intervalle entre leur corps d'armée et le sien (preuve de la confiance qu'ils inspiraient), le seigneur de Dreux se plaça en face du comte de Boulogne et des Anglais, contre lesquels il nourrissait plus particulièrement *une antique haine*, et ses troupes étroitement unies formaient l'aile gauche de l'armée. »

(1) *Se tailler une soupe*, dans le langage pittoresque et populaire des ouvriers de Paris, veut dire se battre, et il faut sans doute faire remonter l'origine de cette étrange locution au moyen-âge.

XII.

INTRÉPIDITÉ DES HOMMES DE LA VALLÉE DE SOISSONS.

« A l'aile droite, et à une grande distance du roi, le corps des Champenois menace les gens de Flandre. Avec eux sont le duc de Bourgogne, le comte de St-Pol, Jean de Beaumont, *et ceux qu'avait envoyés l'abbé de Saint-Médard* (de Soissons), BOURGEOIS ILLUSTRES par une grande valeur et qui étaient au nombre de *trois cents*. Chacun d'eux, monté sur un cheval, *était transporté de joie en allant à la guerre*, et brandissait avec ardeur son glaive et sa lance ; ils étaient tous venus de la vallée de Soissons, où s'élèvent des hommes pleins de vigueur. Entre ceux-là et le roi étaient placés, sur une ligne non interrompue, des hommes brillants de valeur, et chacun de leurs chefs resserrait autour de lui ceux qui composaient sa troupe, tandis que la trompette retentissait horriblement, invitant les guerriers à se porter promptement contre l'ennemi.

« Pendant ce temps, l'élu de Senlis Garin, visitait rapidement les uns et les autres, les encourageant à veiller chacun à la défense publique, à combattre vigoureusement pour *l'honneur de la patrie* et du roi, *à se souvenir de leur race*, qui, victorieuse dans tous les combats, a toujours détruit les ennemis ; sur toute chose à prendre garde que l'ennemi plus nombreux, prolongeant ses ailes, ne cherche à les envelopper ; que sa ligne ne s'étende jamais plus que leur propre ligne, qu'aucun chevalier ne serve jamais de bouclier à un autre chevalier, mais plutôt que chacun se présente volontairement pour faire face à un ennemi.

« Comme les gens de la Flandre attendaient toujours, ne daignant pas s'avancer à découvert dans la plaine ni sortir de leurs rangs, *la troupe des gens de Soissons*, impatiente et entraînée par les discours de Garin, lance ses chevaux de toute la rapidité de leurs jambes, et attaque les ennemis. Mais les chevaliers de Flandre ne se portent point à leur rencontre, et aucun signe même n'indique qu'ils veuillent se mettre en mouvement ; *ils s'indignent extrêmement que la première charge dirigée contre eux ne soit pas faite par des chevaliers*, comme il eût été convenable ; ils ne rougissent point de montrer leur extrême répugnance à se défendre de ceux qui les attaquent (car c'est le dernier excès de la honte, pour des hommes issus d'un sang illustre, *d'être vaincus par des enfants du* PETIT PEUPLE) et demeurent immobiles à leur poste. Les gens de SOISSONS cependant ne pensent pas qu'il faille agir mollement avec eux ni les ménager ; ils les maltraitent rudement ; ils les renversent de leurs chevaux, en tuent plusieurs, et ayant ainsi jeté le désordre parmi eux, les forcent enfin à abandonner leur position et à se défendre, qu'ils le veuillent ou non. Ainsi, ces hommes, orgueilleux de leur noblesse, fiers de leur dignité, n'ont plus de honte enfin de combattre avec des hommes qui leur sont inférieurs, et leur portent et en reçoivent à leur tour des coups et des blessures. Mais enfin, dédaignant les bourgeois, Eustache, qui tire son origine de Maquilin, s'avance au milieu de la plaine, et d'une voix superbe s'écrie à plusieurs reprises : *Mort aux Français !*

« Déjà les sons des clairons avaient horriblement retenti, et de tous côtés tous les corps de troupes engageaient le combat, et se précipitaient vers leur destinée. Michel de Harmes se jette contre celui qui criait, annonçant la mort aux Français, et, de sa lance, il lui transperce son bouclier..., Hugues de Malanne accourt alors, suivi de Pierre de Reims et de la troupe de Champenois, et du comte de Beaumont, et du comte de Sancerre. Toi, Gaucher (de Châtillon) et toi (Matthieu), seigneur de Montmorency, vous vous élancez de même sans aucun retard. Les milliers d'escadrons de la Flandre s'opposent à ces guerriers. Tandis que Ferrand combat, et par sa présence excite le courage des siens, les lances se brisent, les glaives et les poignards se heurtent ; les combattants, se frappant réciproquement de leur hache de Damas, se fendent la tête, et leurs glaives abaissés se plongent dans les entrailles des chevaux, lorsque les vêtements de fer qui recouvrent les corps de leurs maîtres ne permettent pas au fer de les transpercer..... Gauthier (de Ghistelle) plonge son épée dans les flancs du cheval de Hugues et le met ainsi à pied. Devenu fantassin, et se raffermissant sur ses pieds, Hugues s'approche de son ennemi, et le frappant à coups redoublés, le force à se rendre en se reconnaissant vaincu. Avec lui est fait prisonnier Buridan, qui semblait se divertir, et s'écriait en ce moment : *Que chacun maintenant se souvienne de sa belle !* Alors Michel cherche celui qui avait tué son cheval et qui lui avait porté à lui-même une double blessure ; l'ayant trouvé, il le serre dans ses bras vigoureux, lui enlève son casque, lui dépouille le visage et la gorge pour ouvrir un chemin à son glaive....

« Sur un autre point, le duc de Bourgogne, transporté de fureur, agitait son glaive d'un bras agile au milieu des colonnes ennemies de la Flandre et du Hainaut. Mais tandis que, dans l'excès de son audace, et comme assuré de la fortune, il renverse les uns et les autres, et s'oubliant lui-même, se lance avec trop d'ardeur au milieu des ennemis, il éprouve la douleur de voir le cheval qui le porte percé de mille glaives, tomber sur la terre et l'entraîner avec lui dans sa chute. Les uns l'aident à se relever, tandis qu'il est ralenti dans ses mouvements par l'excès de son embonpoint et par le fer qui le couvre ; les autres combattent et écartent l'ennemi ; d'autres lui cherchent en hâte un cheval sur lequel il puisse remonter... Les gens de Flandre se jettent sur lui avec non moins d'ardeur. Les Bourguignons serrent leurs rangs ; chacun d'eux brûle de venger la chute de son seigneur et du cheval qui le portait : des deux côtés les combattants s'engagent sur toute la plaine dans une mêlée tellement épaisse, et ceux qui frappent, et ceux qui sont frappés se touchent de si près, qu'à peine peuvent-ils trouver la place ou l'occasion d'allonger le bras pour porter des coups plus vigoureux... Mais, qui sera digne de parler dignement de la valeur du comte Gauthier (de Saint-Pol), qui, déployant toutes ses forces et suivi d'une troupe de chevaliers bien armés, s'élance au milieu des rangs ennemis, à travers les milliers d'escadrons de la chevalerie de Flandre, semblable à la foudre à trois langues de flamme, ou à l'épervier qui disperse les canards effrayés, lorsque l'horrible faim dévore ses entrailles ? Nouvel Oger il chasse devant lui tous ceux qu'il rencontre et de son glaive il s'ouvre un chemin au milieu des ennemis... C'est ainsi qu'à l'aile droite Bellone déployait ses fureurs et que la Victoire au visage riant promettait ses faveurs aux enfants de la France...

« Pendant ce temps, arrivèrent avec la bannière de Saint-Denis, les légions des communes qui s'étaient avancées presque jusqu'aux maisons (de Bouvines, et qui se trouvaient, par conséquent, les plus éloignées du champ de bataille). Elles accoururent le plus promptement possible vers l'armée du roi, où elles voyaient la bannière royale, qui se distinguait par les fleurs de lys, et que portait ce jour-là Galon de Montigny, chevalier très-valeureux, *mais peu fortuné*. Les communes étant donc arrivées, principalement celles de Corbie, d'Amiens, de Beauvais, de Compiègne et d'Arras, pénétrèrent dans les bataillons des chevaliers, et se placèrent devant le roi lui-même. Mais ceux de l'armée d'Othon, qui étaient des hommes d'un courage et d'une audace extrêmes, les repoussèrent incontinent vers le roi, et les ayant un peu dispersées, parvinrent presque jusqu'au roi. A cette vue, les chevaliers qui étaient dans l'armée du roi marchèrent en avant, et laissant derrière eux le roi, pour lequel ils concevaient quelque crainte, s'opposèrent à Othon et aux siens, qui, dans leur fureur teutonique, ne cherchaient que le roi seul. Pendant qu'ils étaient devant, et arrêtaient par leur admirable courage la fureur des Teutons, des hommes de pied entourèrent le roi, et le jetèrent à bas de son cheval avec des crochets et des lances minces; et s'il n'eût été protégé par la main de Dieu et par une armure incomparable, ils l'eussent certainement tué... On combattit des deux côtés avec un courage admirable, et un grand nombre d'hommes de guerre furent renversés... Car les ennemis se servaient d'une espèce d'arme étonnante et *inconnue jusqu'à présent* : ils avaient de longs couteaux minces et à trois tranchants, qui coupaient également de chaque tranchant depuis la pointe jusqu'à la poignée, et ils s'en servaient en guise d'épée. Mais, par l'aide de Dieu, les épées des Français et leur infatigable courage l'emportaient. Ils repoussèrent toute l'armée d'Othon et parvinrent jusqu'à lui; au point que Pierre Mauvoisin, chevalier plus puissant par les armes, en quoi il surpassait tous les autres, que par la sagesse, saisit son cheval par la bride; mais comme il ne pouvait le tirer de la foule dans laquelle il était pressé, Gérard Scropha lui frappa la poitrine d'un couteau qu'il tenait nu dans la main. N'ayant pu le blesser à cause de l'épaisseur des armes, il réitéra son coup; mais ce second coup porta sur la tête du cheval, qui la portait droite et élevée. Le couteau, poussé avec une force merveilleuse, entra, par l'œil du cheval, dans sa cervelle. Le cheval, blessé à mort, se cabra et tourna la tête vers le côté d'où il était venu. Ainsi l'empereur montra le dos à nos chevaliers, et s'éloigna de la plaine, quittant et abandonnant au pillage l'aigle avec le char. A cette vue, le roi dit aux siens : « Vous ne verrez plus sa figure d'aujourd'hui. » Il était déjà un peu en avant lorsque son cheval s'abattit. On lui amena aussitôt un cheval frais. Il le monta et se mit à fuir promptement. »

Nous trouvons dans la *Philippide* quelques nouveaux et curieux détails sur la lutte des deux souverains :

« Au centre de l'armée, le roi fait resplendir son épée en face d'Othon, qui se renforçait en mettant en avant de lui un triple rempart de plusieurs milliers d'hommes à pied. Le comte de Boulogne usait aussi pour lui-même d'un semblable artifice, et avait également disposé les hommes de pied en trois corps formés en rond, afin de pouvoir, toutes les fois qu'il le voudrait, aller avec ces corps attaquer son ennemi, et se retirer ensuite au milieu d'eux, autant de fois qu'il serait nécessaire. Comme Othon demeurait toujours en retard, ne voulant pas attaquer le premier le roi, celui-ci, impatient, ne pouvant supporter aucun délai, et brûlé du désir de combattre, osa s'avancer au milieu des Teutons, hommes de pieds. Mais tandis qu'il se hâte pour pénétrer à travers ces bandes de fantassins, une troupe d'entre eux, armés de lances, dirige contre lui ces lances dont la pointe était longue et effilée comme celle d'une alêne, et dont quelques-unes étaient dentelées comme les javelots recourbés, et armées vers leur milieu d'un crochet saillant et bien aiguisé. Munis de ces traits, les hommes de pied ne cessaient de poursuivre le roi, mais sans pouvoir faire incliner son corps ni à droite ni à gauche, ni le déranger de dessus la selle, sans même l'empêcher de les écarter avec son épée, se portant toujours en avant, renversant, tuant beaucoup d'hommes autour de lui. Ainsi il allait s'ouvrant un chemin à travers les ennemis, et se dirigeant toujours en droite ligne vers Othon, lorsqu'un homme plus audacieux que les autres perça les mailles de sa cuirasse entre la poitrine et la tête. La pointe de fer, poussée par un bras vigoureux, s'enfonça tant qu'elle trouva le bois, à travers un triple collier et la cuirasse à trois lisses, jusqu'au fer qui repoussa toute blessure, tout près de la peau, et précisément au-dessous du menton. Le roi voulut alors se dégager de la lance en se retirant, mais elle résista, car le croc s'était engagé dans les plis des mailles, et comme le roi tirait de nouveau de toutes ses forces, poussé en même temps par la foule qui l'environnait, il tomba de la hauteur de tout son corps et fut renversé par terre la tête en avant..... Bientôt la force qui lui était naturelle l'aida à se relever, et il se retrouva sur ses pieds ; mais la pointe de la lance demeurait encore fermement attachée sous sa gorge... Tandis que les Français la retirent enfin, repoussant les ennemis et préparant ainsi un cheval sur lequel le roi puisse remonter, Othon arrive en hâte, suivi de ses Teutons remplis de fureur ; et sans doute, dans leur cruauté, ils eussent tué le roi sur la place même, si le chevalier des Barres, s'avançant en hâte, et les plus illustres enfants de la France avec lui, ne se fussent aussitôt placés entre eux et le roi. Se portant en avant et laissant le roi derrière eux avec quelques-uns des leurs, ils forcèrent enfin les Teutons à reconnaître qu'ils sont réellement inférieurs aux Français.....

« A l'aile gauche cependant, le comte de Boulogne (Renaud de Dammartin), qui n'est inférieur à nul autre dans les batailles, combat toujours avec acharnement : tantôt son bras est armé d'une énorme lance de frêne, que tout autre pourrait à peine porter ; tantôt il manie un poignard, impatient de ravir la vie ; tantôt il brandit son glaive tout rougi de sang : sur le haut de sa tête, le brillant cimier de son casque agite dans les airs une double aigrette, tirée des noires côtes que porte au-dessous de l'antre de sa gueule la baleine, habitante de la mer de Bretagne ; en sorte que le chevalier, déjà grand de sa personne, ajoutant ainsi à sa grande taille ce bizarre ornement, semblait encore plus grand... Du milieu des hommes de pied qu'il a lui-même disposés en rond avec habileté pour s'en entourer comme d'un camp, il s'élance et vole contre Thomas et le comte de Dreux, tous deux fils de Robert, et contre Philippe de Beauvais, de tous les Français ceux qu'il déteste le plus et qui l'ont forcé de s'exiler loin du royaume. A ses côtés marchent le héros de Salisbury, Hugues de Boves, Arnould d'Oudenarde, et l'essaim des chevaliers anglais, qui ont préféré ces champs aux champs de leur patrie.

« En face d'eux et pour leur résister se présentent, couverts de leurs armes, Thomas de Saint-Valery, conduisant avec lui les gens de Gamaches et du Vimeux, LES FILS DE ROBERT (Jean de Dreux ou de Braine, plus tard comte de Mâcon, et Henri de Dreux, qui fut archidiacre de Reims et trésorier de l'église de Beauvais) et le comte de Ponthieu, encourageant de la voix et par leurs actions *les gens de*

Dreux à marcher contre les ennemis. Rejetant leur lance et tirant leur glaive, les combattants s'attaquent des deux parts, et se confondant dans une seule mêlée, se frappent les uns les autres, redoublant avec fureur, couvrent les champs de leur sang et teignent en rouge la verdure des prés.

XIII.

ROBERT DE DREUX ET L'ÉVÊQUE DE BEAUVAIS, SON FRÈRE, CONTRE LES ANGLAIS.

« Pendant ce temps, le roi Othon, rempli de fureur, tandis que l'aveugle fortune le permet encore, élève de ses deux mains et brandit la hache qu'il fait retomber sur les Français. Renversant les uns, blessant les autres, il ne peut cependant briser entièrement leurs forces ni faire pénétrer l'effroi dans leurs âmes pleines de vigueur... De son côté, Philippe s'avançait à la recherche d'Othon, ne formant d'autre vœu que de pouvoir le rencontrer seul à seul et combattre comme Énée contre ce nouveau Turnus. Déjà ayant abattu dans un premier combat les remparts qui s'opposaient à sa marche, et frappé de divers genres de mort les hommes qui portaient des lances, il s'avançait en hâte vers Othon au milieu des rangs des chevaliers. Mais ni l'un ni l'autre ne put trouver le chemin libre devant lui, tant la mêlée était épaisse, tant les deux partis combattaient pêle-mêle. Un grand nombre d'hommes sont renversés, mais le carnage est plus grand parmi les Teutons, car le seigneur de Barres fait rage contre eux selon son usage, et engraisse les champs du sang qu'il répand à grands flots. Avec lui sont encore Pierre de Mauvoisin, le vigoureux Gérard, qui n'a point dédaigné de recevoir son surnom (*Scropha*) d'une truie, et beaucoup d'autres guerriers au cœur invincible, qui ne désirent que de vaincre ou de mourir en combattant... Lorsque enfin le roi fut parvenu jusqu'au corps des Saxons, et quand les enfants de la France virent leur roi auprès d'eux, s'étonnant qu'il fût remonté si légèrement à cheval, la surprise des Teutons et l'audace des Français s'accrurent à la fois. A peine est-il arrivé, bouillant d'ardeur et de colère, que la bataille se ranime encore plus, comme si l'on n'avait pas encore combattu. Les champs sont jonchés de cadavres des deux partis... Cependant le chevalier des Barres, ayant déjà inondé les champs de beaucoup de sang, se dégoûte de ces ennemis trop faibles et trop faciles à vaincre, et dédaignant leur rencontre, il ne cherche plus qu'Othon. Mais déjà Pierre de Mauvoisin retenait ce prince par les rênes de son cheval, et de sa droite vigoureuse, s'attachant fortement au mors de l'animal, il s'efforçait de le retirer du milieu de la mêlée, et ne pouvait y parvenir, arrêté sans cesse par la foule environnante. *Scropha* accourt alors, et de son poignard bien acéré, porte à Othon un coup vigoureux dans le milieu de la poitrine; mais les armes de fer dont il avait recouvert ses membres ne plient point sous le fer. *Scropha* redouble, et furieux, relève le bras pour frapper plus rudement encore; mais le cheval levant la tête rencontre son bras, et reçoit par hasard le coup. Frappé mortellement dans l'œil et au milieu de la tête, le cheval se cabre en se levant comme une chèvre sur ses pieds de derrière, dégage ainsi ses rênes des mains de Pierre qui les tenait encore, et tout troublé du coup qu'il a reçu, recule en tournant en cercle, tandis que le mors brisé dans sa bouche ne peut plus contenir le superbe animal. Emporté par la chaleur et la douleur que lui cause sa terrible blessure, il entraîne violemment son maître hors de la foule; mais bientôt la mort l'empêchant d'aller plus avant, il tombe par terre, et près d'expirer, fait rouler avec lui Othon dans la poussière.

« Girard de Hostmar arrive alors d'une course rapide, et s'élançant à terre, donne aussitôt son cheval à son seigneur et demeure lui-même à pied. *O admirable fidélité et bien digne d'éloges dans ce chevalier!* Afin que l'empereur ne persiste pas, le chevalier se livre volontairement à l'ennemi, bien assuré d'être pris et chargé de fers, ou d'être frappé de mort; puis courant bravement à la rencontre du chevalier des Barres, il l'arrête dans sa marche et l'empêche de retarder la fuite d'Othon. Celui-ci, craignant non sans raison pour sa vie, ne ménage pas les flancs de son cheval, sachant bien qu'une fuite rapide peut seule le sauver... Ceux qui sont restés en arrière attaquent alors Guillaume des Barres, pensant qu'il serait facile à tant de chevaliers de vaincre un seul chevalier combattant maintenant à pied; mais lui se raffermissant sur ses pieds au milieu d'eux, et se débattant comme un lion furieux, frappant tour à tour de son poignard ou de son épée, leur fait voir qu'il n'a pas moins d'audace et de valeur en combattant à pied que s'il était encore à cheval... Après qu'il s'est long-temps défendu seul contre eux tous, le héros de Saint-Valery arrive à son secours suivi de deux mille hommes de pied, tous remplis de force, munis de bonnes armes, fidèles en toute chose à leur seigneur, qui avait pris soin de les *choisir dans tout son peuple* pour les associer à son expédition, avec soixante chevaliers. Tout aussitôt le chevalier des Barres s'élance sur un cheval et le pousse en avant; la troupe qui naguère l'avait enveloppé se disperse alors et recommence à fuir, mais tous ne se sauvent pas impunis. Les principaux d'entre eux, le comte Othon et Guillaume le Velu, Conrad le Westphalien, Girard de Ronderad et beaucoup d'autres, distingués par leur noblesse, se rendent volontairement prisonniers, demandent eux-mêmes avec instance à être pris et chargés de fers plutôt que de perdre la vie.

« Loin de là cependant, à l'aile gauche de l'armée on combattait encore avec un courage égal, et la fortune se montrait encore également favorable aux deux partis. Poussant de l'un à l'autre les roues ensanglantées de son char, Bellone, les mains, les vêtements, la poitrine et les armes teintes de sang, et avalant de sa bouche avide des torrents de sang, portait de tous côtés des milliers de morts et de blessures, tandis que la victoire agitant au-dessus du champ de bataille ses ailes encore indécises, livrait encore les deux parties à d'incertaines espérances. Mais au bout de peu de temps, tournant d'un seul côté ses regards par la volonté du Dieu suprême, elle se réjouit de diriger son vol vers les Français et d'enlever tout espoir à leurs ennemis. En effet, l'évêque de Beauvais, Philippe de Dreux et de Braine, ayant vu le frère du roi des Anglais, homme doué de forces prodigieuses, et que les Anglais avaient à cause de cela surnommé *longue-épée*, renverser les gens du comte de DREUX et faire beaucoup de mal au corps d'armée de son frère, l'évêque de Beauvais s'afflige, et comme il tenait par hasard une massue à la main, oubliant sa qualité d'évêque, il frappe l'Anglais sur le sommet de la tête, brise son casque et le renverse sur la terre, le contraignant à y imprimer le sceau de toute la longueur de son corps. Et comme si le noble auteur d'un tel exploit pouvait demeurer ignoré, ou comme si un évêque ne devait pas être signalé pour avoir porté les armes, il cherche à dissimuler autant qu'il peut, et donne ordre à Jean, à qui Nivelle obéit encore, en vertu du droit de ses pères, d'enchaîner le guerrier qu'il vient d'abattre, et de recevoir la récompense de ce fait d'armes. Ensuite l'évêque, renversant encore plusieurs autres ennemis sous les coups de sa massue, renonce encore, pour d'autres chevaliers, à ses titres d'honneur et à ses victoires, pour n'être pas accusé peut-être d'avoir fait comme prêtre une œuvre illicite, attendu qu'il n'est jamais permis à un prêtre de se trouver en telles rencontres, puisqu'il ne doit profaner ni ses mains ni ses yeux par le sang. Il n'est pas défendu cependant de se défendre, soi et les siens, pourvu que cette défense n'excède pas les bornes légitimes.

« Les fils de l'Angleterre, *que les plaisirs de la débauche et les dons de Bacchus* attirent avec plus de charmes que les présents du redoutable Mars, ayant vu leur seigneur ainsi chargé de chaînes, demeurent frappés de stupeur, abandonnent le champ de bataille, et fuient à travers la plaine, partout où les entraînent leur marche précipitée et l'effroi mêlé à un sentiment d'horreur. Hugues de Boves s'associe également à leur fuite; il n'a pas honte de se sauver, lui qui naguère demandait la bataille plus haut que tous les autres...

« D'un côté donc, les gens des Ardennes, d'un autre côté, et loin d'eux, les Saxons fuient également. Les Westphaliens et des millions de Teutons s'éloignent du champ de bataille; ici l'habitant du Brabant se sauve en courant loin des Français; là c'étaient les gens de Flandre, ailleurs les Anglais : tous s'affligent de ne pouvoir trouver au milieu de la plaine des asiles où ils puissent se cacher pour panser du moins leurs blessures sanglantes...

« Tandis que sur les deux ailes la fuite avait entièrement dégarni la plaine, le comte de Boulogne demeurait toujours au centre, se retirant fréquemment au milieu des bataillons de ses hommes de pied, furieux et ne cessant de frapper de son fer meurtrier le sein de ses amis et de ses parents. Ennemi de ses amis, et détestant les enfants de sa patrie, ni l'amour du sol natal, ni la commisération due à un même sang, ni les liens d'une chair unie, ni les serments prêtés tant de fois à son seigneur et roi, n'avaient amolli son cœur, endurci à force de sang.... Mais quoique sa faute même l'ait fait dégénérer à tes yeux, ô France! garde-toi d'avoir honte de lui et que ton front ne rougisse point!...

« Se retirant tant de fois, et toujours impunément derrière les retranchements de ses hommes de pied, le comte n'avait à redouter sur aucun point d'être frappé de mort par l'ennemi. Nos chevaliers en effet, combattant avec leurs glaives et leurs armes très-courtes, auraient redouté d'attaquer les hommes de pied munis de lances... Le roi ayant reconnu ces faits, envoya contre eux trois mille servants d'armes montés à cheval et munis de lances, afin de leur faire abandonner leur position en jetant le désordre dans leurs rangs, et de se délivrer ainsi de ce redoutable cercle de combattants. Une affreuse clameur s'élève alors; les cris des mourants, le fracas des armes, ne permettent plus d'entendre les sons de l'airain qui retentit. Criblé de blessures, il tombe tout ce peuple dont le comte de Boulogne s'était enveloppé avec un art désormais inutile, croyant vainement pouvoir à lui seul braver tous les Français, osant encore les combattre quand tous les autres ont pris la fuite... Ayant vu la plaine inondée de tous côtés de fuyards, en sorte qu'il restait à peine auprès de lui trente hommes, cavaliers ou fantassins, débris de toutes ses troupes, afin que l'on ne puisse croire qu'il veuille se laisser prendre ou vaincre sans résistance, il se précipite au milieu des Français, suivi seulement de cinq de ses compagnons, tandis que les Français enveloppent tous les autres et trouvent à peine dans leurs rangs serrés la place nécessaire pour les charger de chaînes. Puis le comte, comme s'il devait à lui seul triompher de tous ses ennemis, et comme s'il n'eût encore livré aucun combat de toute la journée, furieux, déployant toute sa vigueur et redoublant d'efforts, fait rage au milieu des Français, poussant devant lui pour arriver jusqu'au roi, ne doutant point qu'il prendra la vie de celui-ci pour prix de sa mort, et n'aspirant qu'à mourir en même temps que lui.

« Un homme qui avait reçu de Termelle et son nom de Pierre et son illustre naissance, marchait à pied, ayant perdu son cheval, tandis que le comte s'élançait avec audace dans les rangs de ses ennemis. Voyant que le comte de Boulogne recommençait à combattre, sans vouloir jamais se rendre, et résistait même avec une valeur toujours nouvelle à tous ceux qui l'entouraient, Pierre s'avança promptement vers lui, souleva de sa main gauche le filet de fer qui enveloppait le ventre du cheval, et de sa droite enfonçant son glaive dans le corps du cheval au défaut de l'aine, il lui coupa les parties nobles. A cette vue, l'un des fidèles amis du comte (Arnould d'Oudenarde) accourut auprès de lui, et saisissant vivement les rênes de son cheval, s'emporta en paroles et en représentations amicales contre le comte lui-même, qui, au mépris de la volonté à Dieu, s'efforçait à lui seul de vaincre ceux qui avaient vaincu. Il l'entraîne malgré lui afin de le faire monter sur un autre cheval; mais le comte résiste de toutes ses forces. « La vie, dit-il, ne vaut pas l'honneur à mes yeux. Je retourne au combat, quelque soit le sort qui m'attend. » Il dit, mais son cheval ne peut plus tenir debout. Alors Jean de Condun et son frère Quenon accourent, frappent le comte à coups redoublés sur les deux tempes, et renversent à la fois le cheval et le cavalier; ils tombent tous les deux tête en avant, et déjà le comte est étendu sur le dos, la cuisse engagée et accablée de tout le poids du cheval. Tandis que les deux frères s'occupent à lier le comte, voici Jean, surnommé de Rouvrai (*de Robore*), nom que le fait justifie bien en lui, survient et force enfin le comte à se rendre prisonnier, qu'il le veuille ou non. (Par là il est à croire qu'on n'était réellement vaincu qu'après en avoir fait l'aveu en présence d'un autre chevalier). Et comme il tardait à se relever de terre, attendant vainement quelques secours et espérant encore pouvoir s'échapper, un certain jeune garçon nommé Cornut, l'un des serviteurs de l'élu de Senlis, et marchant en avant de celui-ci, arrive, tenant dans sa main droite un horrible poignard. Il voulait enfoncer le fer dans les entrailles du comte, à la place où la cuirasse se réunit aux cuissards; mais la cuirasse cousue dans le cuisson refuse de s'en séparer.... Arrivant d'une course rapide, Garin, l'élu de Senlis, éloigne du comte le fer qui le menace. « Tu ne mourras point, lui dit-il; mais que tardes-tu tant à te lever ? Lève-toi ; il faut que tu sois présenté tout de suite au roi. » Ayant dit ces mots, il force le blessé à se relever, quoiqu'il ne le veuille point. Son visage et tous ses membres sont inondés d'un torrent de sang; il ne peut presque pas soulever son corps pour remonter à cheval; *l'élu de Senlis l'y replace, aux applaudissements de tous ;* à peine encore semble-t-il vaincu. L'élu le confie enfin à la garde de Jean de Nivelle, afin qu'il aille offrir au roi cet agréable présent.

« Déjà la lune se préparait à pousser en avant son char à deux chevaux. Les clairons changent leurs chants guerriers en chants de retour, rappelant d'un ton plus doux les escadrons épars, et donnant le joyeux signal de la retraite. Alors enfin il fut permis aux Français de rechercher le butin et d'enlever aux ennemis couchés sur le champ de bataille leurs armes et leurs dépouilles. Celui-ci se plaît à s'emparer d'un dextrier (cheval noble) ; là un roussin (cheval roturier) à la taille élevée présente sa tête à un inconnu et est enchaîné par une corde. D'autres enlèvent dans les champs les armes abandonnées ; l'un s'empare d'un bouclier, un autre d'un glaive ou d'un casque. Celui-ci s'en va content avec des bottes, celui-là se plaît à prendre une cuirasse, un troisième recueille des vêtements et des armures. Plus heureux encore et mieux en position de résister aux rigueurs de la fortune est celui qui peut parvenir à s'emparer des chevaux chargés de bagages, ou des glaives cachés sous les fourreaux qui se gonflent, ou bien encore de ces chars appelés *covins*, que les Belges sont réputés avoir construits les premiers, lorsque jadis (du temps de César), ils possédaient l'empire ; ces chars étaient remplis de vases d'or, de toutes sortes d'ustensiles qui n'étaient point à dédaigner, *et de vêtements travaillés par les Chinois* avec beaucoup d'art, que le marchand transporte chez nous de ces contrées lointaines, cherchant, dans son avidité, à multiplier ses petits profits sur quelque objet que ce soit.

« Quant au char sur lequel Othon le réprouvé avait dressé son dragon et suspendu par-dessus son aigle aux ailes dorées, bientôt il tombe sous les coups innombrables des haches ; et, brisé en mille morceaux, il s'afflige de devenir la proie des flammes...

« Comme la nuit s'approchait, l'armée, chargée de dépouilles, rentra tout aussitôt dans son camp, et, le cœur plein de reconnaissance et de joie, le roi rendit mille actions de grâces au roi suprême qui, de son regard favorable, lui avait donné de triompher de tant d'ennemis. Et afin que la postérité conservât à jamais le souvenir d'une si grande victoire, l'élu de Senlis fonda en dehors des murailles de cette ville une chapelle, qu'il nomma aussitôt *La Victoire*, et qui, dotée de grands biens et se gouvernant selon les règles canoniques, jouit de l'honneur d'avoir un abbé et un saint couvent. » — Si nos générations oublieuses du passé comprenaient bien ce qu'elles doivent à Philippe-Auguste et à la victoire de Bouvines, ce n'est point une chapelle qu'elles élèveraient sur ce sol glorieux et mémorable, mais une basilique assez vaste pour attirer les regards de tout l'occident.

« Le même soir, lorsqu'on eut amené en présence du roi les grands qui avaient été pris, à savoir : cinq comtes, vingt-cinq autres d'une si haute noblesse que chacun d'eux avait le droit de porter bannière, et en outre un grand nombre d'autres d'un rang inférieur, le roi, *quoiqu'ils fussent tous de son royaume* (cela seul justifierait son allocution au moment du combat), qu'ils eussent conspiré contre sa vie, et fait tous leurs efforts pour le tuer, et qu'ils dussent ainsi, selon les lois et les coutumes de ce pays, être punis de la peine de mort, comme coupables de lèse-majesté, le roi, dis-je, se montrant doux et miséricordieux, leur accorda à tous la vie. Cependant il les fit renfermer en prison, et les ayant fait placer enchaînés sur des chariots, il fit route vers Paris.

« Comme il était à Bapaume, on l'informa que le comte Renaud de Boulogne avait, après le combat, envoyé un message vers Othon, pour lui conseiller de s'avancer vers Gand, d'y rassembler ses forces, et de renouveler la guerre par le secours des gens de Gand et des autres Flamands. A cette nouvelle vraie ou fausse, le roi, extrêmement irrité, monta dans la tour où étaient logés les deux grands comtes, Ferrand et Renaud, et, d'une voix animée par la colère, reprocha à celui-ci, lorsqu'il était son homme lige, il l'avait créé chevalier (ce qui rendait sans doute sa trahison plus coupable), que lorsqu'il était pauvre il l'avait fait riche, qu'il avait ajouté le comté de Boulogne à son comté de Dammartin, puis les trois comtés de Morlais, d'Aumale et de Varennes, etc.; qu'oubliant tous ces bienfaits, il avait, sans motif, excité contre lui l'Angleterre, l'Allemagne, la Flandre, le Hainaut et le Brabant. « Voilà tout ce que tu m'as fait, lui dit-il ; je ne « t'ôterai cependant point la vie, mais tu ne sortiras pas de prison « que n'aies pas tout payé. » Après avoir ainsi parlé, il le fit transporter à Péronne et renfermer dans une tour très-forte..... Le roi fit transporter Ferrand à Paris, et le fit tenir renfermé sous une étroite garde, dans une tour neuve, située hors des murs.

« Le jour même du combat, le roi remit le comte de Salisbury au comte Robert de Dreux et de Braine, afin que le roi d'Angleterre, dont le comte de Salisbury était frère, rendît à la place le fils (Robert Gatebled) dudit comte Robert qu'il retenait prisonnier, ainsi que nous l'avons plus haut rapporté. Mais ce roi dénaturé, ce roi qui eut toujours en haine sa chair et son sang, qui avait tué de sa propre main Arthur, fils de Geoffroi, son frère aîné, auquel, par le droit de primogéniture, la couronne devait revenir, qui, depuis près de vingt ans, retenait prisonnière la jeune Éléonore, sa nièce, sœur dudit Arthur, ne voulut point (aussitôt) échanger pour son frère, naturel ou charnel, un étranger qu'il tenait prisonnier. (Peut-être espérait-il que Philippe-Auguste, dont il connaissait l'amitié pour le vieux Robert, ferait de plus grands sacrifices en faveur de Gate-Bled?) Les autres prisonniers furent renfermés dans deux châtelets, situés chacun à la tête d'un des ponts de Paris, et dans d'autres châteaux en différents endroits du royaume.

« La tour du comte de Dreux (1), dit la Philippide, s'honore ensuite de recevoir le frère du roi des Anglais, jusqu'à ce que Jean désire, en échange de son frère, de rendre un fils à son père. L'ayant fait tomber, à Nantes, dans une embuscade, bientôt après Jean l'avait envoyé, chargé de chaînes, au-delà de la mer, avec douze compagnons, et depuis longtemps encore à consentir à cet échange, car il avait toujours détesté son frère et toute sa famille, et il aimait mieux laisser d'illustres jeunes gens souffrir indignement que les délivrer de leurs maux, en les échangeant l'un pour l'autre.

« Quant aux autres comtes, le seigneur de Randeradt, Othon de Tecklenbourg et le comte surnommé le Velu, les hommes nobles, les grands et d'innombrables chevaliers d'un nom moins illustre, le roi donna ordre de les garder dans les diverses villes du royaume, afin de s'assurer des cautions, selon ce que chacun d'eux pourrait avoir de ressources pour se racheter. Il leur fit donner généreusement tout ce que demandent les besoins de la nature, ou l'usage, ou les habitudes

(1) La Tour du comte de Dreux qui reçut le frère du roi d'Angleterre, Guillaume de Salisbury, est sans doute le château du Haut (*Castrum de celso*), que Robert II venait de faire bâtir pour servir de citadelle à la ville de Braine et à son château. Cette citadelle, dont les ruines sont encore parfaitement conservées, se nomme aujourd'hui la Folie d'Egmont ou la Folie de Braine.

de ces hommes nobles, afin qu'il ne fût fait aucune insulte à leur personne ni à leur rang.

XIV.

LES PRISONNIERS DES COMMUNES.

Chaque commune combattant en quelque sorte pour son propre compte et à son profit, avait son butin de guerre et ses prisonniers. La prévôté de Paris, à qui elle les remettait pour en opérer l'échange ou pour en toucher la rançon, devait nécessairement lui en rembourser la valeur. De là cette curieuse liste sur laquelle nous lisons les noms de la plupart des *communes* de la Picardie, de l'Artois, du Valois, et où celle de Soissons figure à elle seule pour dix-neuf prisonniers anglais, flamands ou saxons, tous chevaliers et illustres de naissance, accompagnés de nombreux hommes d'armes ou servants, et pouvant racheter chèrement leur indépendance. — Voici, du reste, ce curieux fragment de liste trouvé à la suite du manuscrit de Guillaume le Breton, contenant les noms des principaux prisonniers conduits dans les différents forts ou châteaux de Paris, par les soins du chevalier Garin (l'élu de Senlis) et de maître Jean Paulée :

De la commune de Noyon. — Philippe de Malagraen, Jean de Hodebergue, Simon de Soffebergues, Thomas de la Comté, Pierre de Brulle. — Total : 5.

Commune de Mont-Didier. — Gilles de Sart, Girard de Barbais, Baudouin de Mons, Honoré de Vargnies, Gille du Mont de Sainte-Aldegonde, Thibaut de Tremoyne. — Total : 6.

Commune de Montreuil. — Gauthier de Quievrain, René de Marnac, Guillaume de Unquebert, Nicolas, fils de Perregrin, Evrard de Yske, Severe d'Antigues, Alexandre de Borselles, Liebert d'Erolin. — Total : 8.

Commune de Soissons. — Severe de Marnac, Conrad, comte de Tremoyne, Renelin de l'Amprenesse, Guillaume de Estave, Robert de St-Leonard, Guillaume de Beaumont, Fastret de Villers, René de Vavre, Théri de Ligne, Hebert de Gare. — Total : 10.

Judas et Jean Paulée, Helin de Wavrin, Arnould de Landas, Gauthier de Ghistelle, Jacques de Ruert, Pierre du Mœnil, Helin de Letor, Girard d'Avelin, Gauthier de Conseiller, Henri de Estinkenbore. — Total : 9. (Ce qui fait dix-neuf pour la commune de Soissons.)

Commune de Bruyeres (sous Laon). — Arnould de Grimberge, Severe de Mosere, Philippe de Vavre, Nicolas de Herlut, Bernard d'Ortermale, Gérard de Randerode. — Total : 6.

Commune de Hesdin. — Garnier de Vringuel, Henri de Justans, Henri le Gros, Ursin de Fretin, Helin Dessaux, Raimond de Vavre. — Tatal : 6.

Commune de Cerny. — Robert d'Estroem, Robert Mallet, Philippe de Longueruelle, Guillaume d'Averquin. — Total : 4.

Commune de Crespy en Laonnois. — Baudouin de Blandeque, Théri de la Hemeide, Arnould de Baenguien, Jean de Rasserellet. — Total : 4.

Commune de Craone. — Baudouin de Puc, Roger Dubois, Robert de Lieulemont, Gauthier de Dagneaux. — Total : 4.

Commune de Vesly. — Fastret de Liquel, Severe de Hertong, Raoul de Malegne, Guillaume Dennelin, Etienne Dessentes, de la famille d'Othon, Geoffroy de Wille. — Total : 6. (Il y en a autant dans la tour de Compiègne.)

Commune de Corbie. — Eustache de Ruest, Laurent de Portigal, Théri de Malenguien, Jean de la Comté, Eustache de Malle, Godefroy de Loscant, Henri Delepine, Gérard Flamenc, Théri d'Orquerbere. — Total : 9.

Commune de Compiègne. — Raoul le Bigot, frère du comte de Salisbury, Robert de Dennetierres, Baudouin de Boudins, Hugues de Mallers, René de Vermes. — Total : 5.

Commune de Roye. — Arnould de Crang, Gilbert Cornu, Godefroi Brise-Tête, Gauthier de Lembec, Bernard, prêtre d'Utec, Baudouin de Lens. — Total : 6.

Commune d'Amiens. — Richard de Cologne, Baudouin de Saint-Léger, Jean de Cogny, Gilbert de la Chapelle, Conrard de Cérufin, Henri Trassé, Hugues de St-Obert, Borelle de Flechien, Jean de Lier, Baudouin de Perinchies. — Total : 10.

Commune de Beauvais. — Raze de Grave, Othon de Tinquenebore, Enqueval de Groningues, Hugues de Bailleul, Gérard de Grimberge, Manassis de Conti, Gilon de Gamachine, Henri le Roux, Robert de Marque, Theri Vide-Ecuelle, Theri Brirebais, Othon d'Ostermare. — Total : 12. Somme totale : 110.

Jacques d'Arras, bourgeois de Valenciennes, et deux chevaliers, eurent en leur garde les serviteurs des prisonniers, qui furent livrés par les gens de Senlis aux prévôts de Paris, Neuholet et Lambéchin de Monthierry.

Liste de ceux qui ont été reçus dans le Grand-Châtelet.

Philippe de Malinguien, Gautier de Quevrain, René de Marnac, Nicolas, fils de Perrin, Alexandre de Barsèle, Severe de Marnac, Conrad, comte de Trémogne, Renelin de Beaumont, Hellin de Wavrin, Arnoul de Landas, Gautier de Ghistèle, Jacques de Ruert, Pierre du Mesnil, Arnoul de Grimberge, Philippe de Wavre, Bernard d'Ostermarle, Gérard de Randerode, Ursin de Fretin, Baudouin de Puc, Robert de Lieulemont, Eustache Ruert, Laurent de Portigal, Theri d'Orquerbec, Raoul le Bigot, Arnould de Crang, Gilbert Cornu, Hugues de Saint-Ubert, Jean de Biez, Raze de Gavre, Othon de Tinquenebore, Gérard de Grimberge, Othon d'Ostermare, Fastret de Ligne. — Total : 34 (1).

Daniel de Marquelies, Philippe de la Gastine, Gérard le Mors, Roger de Houteghem, Guillaume de Use et Jean de Herignies furent pris à Courtrai, les cinq derniers après la bataille; le premier avait été fait prisonnier lors de l'expédition du prince royal, pendant qu'il commandait le corps de cavalerie qui couvrait Lille. Gauthier de Aisne et Guillaume de Hurusse furent pris à Deinse ; Ernoud de Gavres à Saint-Omer; Pierre de Bourghelles et Renard son porte-bouclier avaient été enveloppés et saisis au faubourg de Lille, au déblocus de cette place, lors du premier investissement. Tous ces derniers furent aussi prisonniers à Compiègne.

(1) Les noms propres ne sont pas toujours conformes à la manière de les écrire aujourd'hui, mais nous nous sommes fait un devoir de les inscrire comme ils sont à la suite du manuscrit de Guillaume le Breton, au 17ᵉ tome des Historiens des Gaules, collection des Bénédictins.

Thomas de Malesmains fut donné par le roi à Enguerrand de Courcelles pour qu'il puisse profiter de sa rançon.

Anselme de River fut également donné à Henri de Busenci par lettre du roi.

Arnould d'Ecaillon fut rendu sur caution personnelle de Nicolas et de Pierre de Bailleul.

Alard de Conseiller et Giles de Danbi recouvrèrent la liberté en engageant tout ce qu'ils possédaient.

Roger de Wesphalie fut cautionné par le roi des Ribauds parce qu'il se disait à son service.

Hugues de Gastines fut rendu sur un cautionnement de cent marcs fourni par Jean de Nesle (ou Nivelle).

René de Croisille eut pour lui la rançon de Gui de Lolène, qui était de cent marcs.

Nivelon Maréchal fut mis à la disposition de Gauthier de Bailleul.

Arnould d'Oudenarde fut remis au comte de Soissons pour mille marcs.

Jean de Nesle (ou Nivelle) devait encore profiter de la rançon du comte de Boulogne, s'il eut été rendu.

Barthélemi de Roye devait jouir du même avantage à l'égard du comte de Flandre.

Le comte de Salisbury, frère du roi d'Angleterre, fut donné au comte Robert de Dreux et de Braine, pour lui donner occasion de l'échanger contre son fils, Robert Gatte-Bled, qui était prisonnier en Angleterre.

Gauthier de Boves fut donné à Enguerrand de Coucy.

Le comte d'Auxerre eut pour sa part un de ses neveux qui combattait dans les rangs des ennemis.

L'aîné des Corci profita de la rançon de Gauthier Despoil.

Pierre de Melvin, Gauthier de Ligne, Robert de Rhumes, Robert de Formeselles furent cautionnés par divers et obtinrent la promesse d'être rendus après les formalités voulues.

La valeur du cautionnement était comptée en livres parisis, ou en marcs d'argent ; ces dénominations monétaires représentaient alors de grosses sommes, puisque le taux le plus élevé des rançons ne dépassait pas trente-cinq livres parisis.

« Non-seulement, dit Guillaume le Breton, ceux qui furent défaits dans ce combat avaient conspiré contre le roi ; bien plus, attirés par des dons et des promesses, Hervée, comte de Nevers, *et tous les grands au-delà de la Loire*, ceux du Mans, de l'Anjou et de la Normandie, excepté seulement Guillaume des Roches, sénéchal de l'Anjou, Juchelle de Mayenne, et un petit nombre d'autres, avaient déjà promis leur secours au roi d'Angleterre. Ils l'avaient fait en secret cependant et cachant leurs intentions, par crainte du roi, jusqu'à ce qu'ils fussent certains de l'issue que devait avoir la guerre. Déjà, s'attendant à la victoire, *ils avaient partagé tout le royaume...* Ce que nous venons de dire sur leur audace et leur trahison a été rapporté aux oreilles du roi par des gens sûrs, et qui furent admis *à son conseil* après la victoire. Dieu nous garde, en effet, de rien dire de faux sur eux et contre notre conscience ; quoiqu'ils soient nos ennemis, nous ne rapportons ici que ce que nous savons et croyons véritable.

« Peu de jours après, les Poitevins, épouvantés à la nouvelle d'une si grande victoire, envoyèrent des députés vers le roi Philippe le Magnanime pour tâcher de se réconcilier avec lui. Mais le magnanime roi, ayant déjà une fois, plusieurs fois même, éprouvé leur perfidie, marcha promptement vers le Poitou, où était le roi Jean. Arrivé à Loudun, il vit venir vers lui les députés du vicomte de Thouars, homme sage et puissant, supérieur en autorité à tous les Poitevins, et même à tous les Aquitains. Le magnanime roi, aimant mieux, selon sa coutume, vaincre par la paix que par la guerre, reçut sans difficulté en amitié ledit vicomte *par l'intermédiaire de* PIERRE MAUCLERC, *duc de la petite Bretagne*, parent du roi, qui avait pour femme la nièce dudit vicomte. Le roi d'Angleterre, éloigné de Loudun de dix-sept milles, ne sachant pas où fuir, et n'osant ni rester dans Parthenai où il était, ni s'avancer pour combattre en rase campagne, envoya Renouf, comte de Chester, avec maître Robert, légat du seigneur pape, et d'autres, pour traiter d'une trêve. » Une trêve de cinq ans fut conclue. Parmi les articles de ce traité, nous remarquons les deux suivants :

« 5. Si quelqu'un du comté d'Anjou ou de Bretagne qui, le jeudi que cette trêve a été conclue, était dans le parti du roi d'Angleterre, nous faisant ouvertement la guerre et l'aidant publiquement, veut entrer dans le comté d'Anjou ou de Bretagne, et y demeurer durant le temps de la trêve, il donnera au sénéchal d'Anjou, s'il est de ce comté, ou au comte de Bretagne, s'il est de la Bretagne, une caution suffisante qu'il ne leur causera aucun mal, à eux ou à leurs terres.

« 11. Frédéric (le compétiteur d'Othon), roi des Romains et de la Sicile, sera, s'il le veut, compris dans notre trêve; et le roi Othon sera aussi compris, s'il le veut, dans la trêve du roi d'Angleterre. Et si l'un des deux ne veut pas y être compris, nous pourrons aider Frédéric dans l'empire, et le roi d'Angleterre pourra aussi secourir Othon dans l'empire, sans méfait et sans guerre entre le roi d'Angleterre et nous, au sujet de nos terres. »

« La trêve ayant donc été conclue entre les deux partis, le roi magnanime revint à Paris, où ayant eu une entrevue avec la femme de Ferrand et les Flamands, d'après sa bonté accoutumée, le 17 octobre, contre l'espoir et la volonté de presque tous, il consentit, si on lui donnait pour ôtage Geoffroi, fils du duc de Brabant, âgé de cinq ans, *et si on détruisait entièrement*, aux frais des Flamands, *toutes les forteresses de Flandre et de Hainaut*, à renvoyer chez eux en liberté, tant Ferrand que les autres grands, exigeant néanmoins pour chacun d'eux, *la légitime rançon* qu'ils devaient payer de si grands crimes. » Le traité ne fut signé à Paris, entre le roi et Jeanne, comtesse de Flandre et de Hainaut, l'an du Seigneur 1214, le vendredi après la fête des apôtres saint Siméon et saint Jude.

Epuisés par les frais de la guerre, les barons faits prisonniers pouvaient rarement payer sans délai *la rançon légitime*, comme dit le chroniqueur, à laquelle leur naissance ou leur rang les soumettait. Il fallait alors que des seigneurs français, leurs parents, amis ou alliés, se portassent caution pour eux. Nous voyons ainsi un Geraud de Grimberge, dont la rançon est de 20,000 livres, se faire cautionner par Robert de Brienne pour 100 livres. Thomas de Coucy pour 100 livres, etc. Robert de Courtenai fut rançonné à 6,200 marcs d'argent dont le comte de Dreux et de Braine en cautionna 500. Le comte de Soissons cautionna Eustache de Reu pour 200 livres; Enguerrand de Coucy cautionna le même pour 300; Enguerrand de Boves pour 200; Guillaume de la Ferté pour 200, etc.; sa rançon s'élevait à trois mille livres que les répondants étaient tenus de payer au roi, dans l'espace de quarante jours, après en avoir été sommés, si celui qu'ils cautionnaient lui faisait la guerre. Baudoin de Quincy cautionna ainsi Philippe de Gastine pour 200 livres, et Alard de Bourgueil pour 50 marcs, etc., etc. En conservant les noms de ces illustres vaincus, l'histoire nous apprend de quelle importance dut être leur capture. Mais nous le voyons mieux encore quand nous lisons la joie universelle ou plutôt le délire qui s'empara de toutes les têtes au retour de Philippe-Auguste après la bataille de Bouvines. C'est par là que nous terminerons ce récit déjà trop long, mais que l'importance des événements ne nous a pas permis de diviser. De Bapaume, où il eut une fausse alerte, ainsi que nous l'avons rapporté plus haut, le roi vint à Paris, qu'il quitta le mois suivant pour se rendre dans le Poitou et forcer le roi d'Angleterre à s'avouer vaincu. La fête vraiment nationale et patriotique en l'honneur de la victoire de Bouvines eut lieu entre ces deux voyages.

« Qui pourrait raconter, s'imaginer, tracer avec la plume, sur un parchemin ou des tablettes, dit encore Guillaume le Breton, les joyeux applaudissements, les hymnes de triomphe, les innombrables danses des peuples, les doux chants des clercs, les sons harmonieux des instruments guerriers dans les églises, les solennels ornements des églises, en dedans et en dehors, les rues, les maisons, *les chemins de tous les châteaux et des villes tendus de courtines et de tapisseries de soie*, couverts de fleurs, d'herbes et de branches d'arbres verts, tous les habitants de tout genre, de tout sexe et de tout âge accourant de toutes parts voir un si grand triomphe, *les paysans et les moissonneurs interrompant leurs travaux*, suspendant à leur cou leurs faux, leurs hoyaux et leurs trubles (car c'était alors le temps de la moisson), et se précipitant en foule vers les chemins pour voir « quatre ferrants bien ferrés, menant Ferrand bien enferrés, » ce Ferrand, dont peu auparavant ils redoutaient tant les armes. Les paysans, les vieilles femmes et les enfants ne craignaient point de se moquer de lui, et en trouvaient l'occasion dans l'équivoque de son nom, qui pouvait s'entendre aussi bien d'un homme que d'un cheval ; de plus, par un merveilleux hasard, les quatre chevaux qui le traînaient dans une litière étaient de ceux auxquels leur couleur a fait donner ce nom (de Ferrand) (1) : c'est pourquoi ils lui disaient que maintenant il était *ferré*, qu'il ne pouvait plus regimber, lui qui auparavant, gonflé d'embonpoint, ruait et levait le talon contre son maître. Toute la route se passa ainsi jusqu'à ce qu'on fût arrivé à Paris. Les habitants de Paris, et par-dessus tout la multitude des écoliers, le clergé et le peuple, allant au-devant du roi en chantant des hymnes et des cantiques, témoignèrent par leurs gestes quelle joie animait leurs esprits ; et il ne leur suffit pas de se livrer ainsi à l'allégresse pendant le jour, ils prolongèrent leurs plaisirs dans la nuit et même pendant sept nuits consécutives, au milieu de nombreux flambeaux ; en sorte que la nuit paraissait aussi brillante que le jour. Les écoliers surtout ne cessaient de faire de somptueux festins, chantant et dansant continuellement. »

Le récit en vers du même auteur renchérit encore sur le précédent, et nous y trouvons quelques traits dignes d'être rapportés :

« Jadis Pompée extermina les bandes des pirates, et aidé des fils de Mithridate, força ce prince, qui différait encore à hâter sa chute par le poison. Après lui, Rome soumit à sa puissance presque tous les royaumes au-delà de la mer de Grèce et contenus dans la troisième partie du monde.

(1) Chevaux *ferrans*, de la couleur des chevaux arabes, *farias equos*, de *al faras*, en arabe, le cheval.

« César, après avoir vaincu les Gaulois, portant au loin dans le monde les lois de l'empire, quoique lui-même eût présenté le dos aux blonds Bretons, vainquit Pompée, afin de devenir plus grand que tout autre homme... Devant aucun des deux cependant, Rome ne tressaillit de joie, et ne fit retentir ses hymnes d'allégresse, lorsqu'ils montèrent au Capitole, avec autant de transports qu'en éprouva la France, lorsqu'elle offrit des fêtes solennelles à son illustre roi Philippe, après l'heureux succès de la bataille de Bouvines.

« Rome même ne se souvient pas d'avoir, plus tard, célébré avec autant de transports un triomphe magnifique, lorsque Titus et Vespasien, ayant entièrement renversé Jérusalem et rasé le temple, l'enlevèrent justement, ô Judée, et le rang que tu occupais et ton peuple...

« En ce temps, *la ville seule de Rome* donnait des applaudissements à ses rois, et les autres villes ne s'inquiétaient nullement de se réjouir des triomphes des Romains, ou de faire quelques frais pour ajouter à leurs pompes. Maintenant, en tous lieux où s'étend le sol de notre vaste royaume, qui contient dans son sein tant de bourgs, tant de châteaux (1), tant de villes, tant de comtés, tant de duchés, dignes des honneurs du sceptre (qui sans doute n'avait point alors le signe exclusif de la royauté), dans toutes ces provinces soumises à tant d'évêques, dont chacun administre la justice dans son diocèse et fait publier ses édits dans d'innombrables villes, toute ville, tout village, tout château, tout pays ressent avec la même ardeur les joies d'une victoire commune à tous, et s'attribue en propre ce qui appartient à tous en commun, en sorte que ces applaudissements universels se répandent en tous lieux, *et qu'une seule victoire a fait naître mille triomphes* (spontanément et non point *par ordre* comme il arrive aujourd'hui). Dans toute l'étendue du royaume, on n'entend résonner sur tous les points que les mêmes acclamations ; toute condition, toute fortune, toute profession, tout sexe, tout âge chantent les mêmes hymnes d'allégresse, toutes les bouches célèbrent à la fois la gloire, les louanges et l'honneur du roi. Et ce n'est pas seulement par des chants ou par les gestes du corps que s'expriment les transports de l'âme : dans les châteaux et dans les villes, les clairons retentissent dans toutes les rues, afin que ces concerts multipliés proclament plus hautement les sentiments publics. Ne croyez pas non plus que l'on ménage aucune dépense : chevalier, citoyen, *habitant des champs*, tous brillants sous l'écarlate ; *nul ne porte que des vêtements de soie, de lin très-fin et de pourpre* (2). Le paysan, tout resplendissant sous les ornements impériaux, s'étonne de lui-même et ose se comparer aux rois souverains. L'habit change tellement son cœur, qu'il pense que l'homme lui-même est changé ainsi que le vêtement qui lui est étranger. Et ce n'est pas même assez pour chacun de paraître avec autant d'éclat que ses compagnons, si chacun ne cherche

---

(1) Cette énumération nous donne à penser que les châteaux étaient en général, à cette époque, plus importants ou plus peuplés que les simples bourgs, contrairement à l'idée que nous nous en faisons d'habitude et qui se rapporte aux siècles postérieurs, où ils étaient considérablement déchus, et où les villages, au contraire, avaient acquis une grande extension. Ce tableau de la centralisation romaine opposée à la vie libre et féconde des provinces de France, est curieux à signaler et montre des idées politiques et administratives aussi justes que profondes.

(2) Si tels étaient les habits de fête, il fallait qu'il y eût une certaine aisance dans toutes les classes, en dehors de ceux qui s'ornaient des dépouilles des vaincus et que l'auteur nomme ensuite.

encore à se distinguer de beaucoup d'autres par quelque ornement. Ainsi tous se disputent à l'envi, cherchant à se dépasser l'un l'autre par la richesse de leurs vêtements.

« Durant toute la nuit, les flambeaux de cire ne cessent de briller dans les mains de tout le monde, chassant les ténèbres, de telle sorte que la nuit se trouvant subitement transformée en jour et resplendissante de tant d'éclat et de lumières, dit aux étoiles et à la lune : *Je ne vous dois plus rien;* tant leur affection pour le roi portait les peuples à se livrer en tous lieux aux transports de leur joie !

« Plus que toutes les autres villes, Paris ajoute aux applaudissements, aux acclamations, à l'allégresse générale, des dépenses plus grandes, et célèbre des jeux et de belles danses avec un zèle encore plus ardent. Surtout ceux qui, se livrant aux doux travaux de Pallas, recherchent les aimables enseignements d'une vie bienheureuse, font des préparatifs plus splendides pour mieux honorer la fête du triomphe du roi. Pendant huit jours et tout autant de nuits, ils se livrent sans interruption aux transports de leur joie et s'y abandonnent avec d'autant plus d'ardeur que le roi est plus chéri de tous ; c'est par ses soins, en effet, qu'ils jouissent du repos de la paix, qu'ils vivent en sécurité sous les lois des seigneurs Cyrrhée et de Nisa (Apollon et les Muses), en sorte que leurs cœurs ne sont jamais tourmentés que des soucis de l'étude et rejettent tout autre soin (1).

« Le royaume tout entier jouissait de la paix, très-agréable aux peuples, et le roi gouvernait son royaume et son peuple avec une affection paternelle, aimant tous les Français et aimé de tous, ne faisant de mal à personne, n'étant à charge à personne, juste envers tous, surtout protégeant le clergé contre tout ennemi. Sa bonté se montrait surtout en cela qu'il favorisait les amis de la paix d'un cœur plein de tendresse, et punissait rudement ceux qui faisaient le mal. Aussi était-il appelé avec respect et par toutes les bouches le roi du clergé, le père de la patrie et le soutien de l'Église. Et l'on ne pouvait savoir si le roi *aimait son peuple plus que le peuple n'aimait son roi;* il y avait entre eux à ce sujet une *aimable émulation*, et l'on se demandait lequel des deux était le plus cher à l'autre, chez lequel des deux l'amour se produisait avec le plus de force, tant une tendre affection les unissait l'un à l'autre par des liens parfaitement purs ! » Cette affection mutuelle a duré, quoi qu'on en dise, jusqu'au dernier siècle, et pour la détruire il a fallu que la révolution, mettant les intérêts des uns en opposition avec les intérêts des autres, créât des partis, organisât la division et la lutte permanente au sein d'une nation qui, depuis son berceau, ne formait qu'une grande et noble famille. Rien ne saurait maintenant anéantir ce qui est, ou faire que le passé n'existe plus ; acceptons-le puisqu'il appartient à l'histoire et qu'il est irrévoble, mais efforçons-nous de restaurer cette forte et puissante unité française, qui conciliait d'une manière si admirable l'activité ou la liberté des villes avec l'autorité du roi, et à laquelle nous devons tant de siècles glorieux et prospères.

Stanislas PRIOUX.

FIN.

---

(1) En ne rappelant point les nombreuses ordonnances de Philippe-Auguste en faveur des écoles de Paris, le poète nous laisse voir combien la considération de la paix publique l'emportait alors sur toutes les autres.

SOISSONS. — IMPRIMERIE DE FOSSÉ DARCOSSE, RUE SAINT-ANTOINE, 15.

www.ingramcontent.com/pod-product-compliance
Lightning Source LLC
LaVergne TN
LVHW052059090426
835512LV00036B/1598